PIERO BARONI

IL TEMPO DEL GIUDIZIO. RECENSIONI SU QUELLO CHE HO SCRITTO

Preparazione per la stampa: Georgiana Axinte
In copertina: dreamstime.com

L'avvocato cominciò a scartabellare quel mare magnum di carta: corrispondenza in arrivo, ricevute di pagamenti, estratti conto della banca, pubblicità, il tutto in un disordine caotico. Si rese conto che per venirne a capo e non lasciare in giro alcunché di sospeso, aveva bisogno di un aiuto: ci avrebbe pensato la sua segretaria a trovare una collega per fare quel lavoro: ordinare tutto per tipologia, in ordine di data e di anno, se necessario, in modo da poterci capire. Con il tempo dovuto, senza dimenticare di chiudere ogni posizione in essere, dato che il titolare era deceduto.

Un lavoro da becchino... pensò l'avvocato e il pensiero al sarcasmo impietoso dell'amico scomparso, lo portò a sorridere.

Doveva eseguire le disposizioni testamentarie scrupolosamente.

Primo incarico, aveva scritto Piero, riguardare tutti i pezzi di carta, fatture, ricevute, eccetera, buttare tutto quello che non ha più ragion d'essere, preferibilmente bruciare e non lasciare tracce di pezzi di carta con la mia eventuale firma.

Secondo: riordinare i libri, quelli miei, in ordine di data di pubblicazione e contattare opportunamente gli editori per avere le situazioni di vendite e di diritti d'autore maturati sino a questo periodo.

Terzo: Annullare ogni contratto in essere, tranne il telefono fisso, indispensabile (così mi hanno detto) per avere il collegamento Internet.

Quarto - Trovare modo di raccogliere in una unica stanza tutta la roba mia: libri, crest, e documenti avuti nel tempo del mio lavoro e tenerla chiusa a chiave, chiave che verrà data ai miei due figli Marco e Marika.

L'avvocato si rendeva conto che si era di fronte alla esecuzione pratica delle ultime volontà dell'estinto e ne ebbe scrupolo. Rilesse il testamento e rifletté: non voleva nel modo più reciso mancare di esattezza e assoluta correttezza professionale e di amicizia.

Piero aveva un rispetto persino esagerato per la verità. L'avvocato sapeva che scrivendo i suoi libri, affrontando anche argomenti spinosi, Piero si era sempre documentato e aveva provveduto a verifiche e accertamenti, ove necessario.

E per attuare ed essere fedele a questa sua dottrina professionale, aveva compiuto numerosi viaggi all'estero onde visitare musei, archivi e quanto utile (cimiteri di guerra, zone ove si svolsero i combattimenti e ove era possibile riscontrare citazioni e memorie). Ad un certo punto di quel lavoro assolutamente noioso e triste, si accorse di essersi <incantato> su alcune frasi contenute nelle lettere scritte a Piero da personaggi di primo piano e raccolte in opportuni album.

Si chiese come mai Piero non avesse fatto predisporre una scelta delle citazioni più significative.

L'orso non si era smentito...

Un pudore tutto speciale lo contraddistingueva; era una forma acuta di riservatezza; sì, protezione dei suoi pensieri, delle sue sensazioni, di quanto lo induceva alla commozione e al desiderio fortissimo dell'isolamento entro cui liberare i suoi pensieri più veri, quelli che rivelavano la sua anima autentica, spoglia delle limitazioni, dei vincoli nei quali egli stesso la chiudeva, se non addirittura la incatenava.

Le recensioni? Cosa scrivono di quello che ha scritto?
Un gioco di parole? Una boutade? Oppure, la verità?
Tutto da dimostrare...

Allora si ricorre a quanto si è confessato... quando? Dove?
A bordo, dopo una missione in Africa...

Devi scrivere la premessa! d'accordo, ma dopo avere letto la confessione. Bisogna avere il coraggio delle proprie azioni.

La confessione(?!)... Eccola:

"... Il tutto nello scenario della savana, con gli abitanti dei rari e piccoli villaggi a salutare, e più lontano, lungo il sinuoso percorso dello Uebi Scebeli, le piantagioni lussureggianti a dimostrare quello che sarebbe possibile fare in Somalia, purché lo si volesse. In quelle colonne in ripiegamento, come pure nei reimbarchi di americani e tedeschi, del contingente, coreografico, del Bangla Desh, vi era il senso di una occasione perduta per quella parte di Somali che hanno sperato che gli Italiani rimanessero, che hanno manifestato delusione per il loro ritiro e forse anche un forte risentimento.

L'operazione Somalia 2 è continuata con i suoi ritmi serrati: gli elicotteri «CH-47» dell'Esercito sono stati imbarcati su nave Garibaldi. Smontate le pale dei rotori e alloggiate all'interno dei mezzi, i grandi elicotteri allineati nella zona prodiera del ponte di volo, ben rizzati e sistemati per affrontare il lungo viaggio di ritorno, recavano i segni della lunga attività: incrostazioni, polvere, opacità dove una volta vi era brillantezza di metallo. A bordo di nave Garibaldi sono stati imbarcati 13 ufficiali e 16 sottufficiali dell'Aves, l'aviazione dell'Esercito. Hanno rapidamente fraternizzato con i colleghi della Marina, hanno effettuato missioni congiunte, si sono addestrati all'appontaggio, hanno preso la mano, come si dice. La prima volta, almeno dal punto di vista ufficiale, che si è realizzata una simile cooperazione. Il tutto alle dipendenze del comandante di nave Garibaldi.

Intanto, il comandante del 25° Gruppo Navale, capitano di vascello Sirio Pianigiani, partecipava a un pranzo di lavoro sulla nave tedesca Karlsruhe, ospite del comandante del Gruppo Navale germanico, capitano di vascello Hoch, unitamente al comandante del gruppo anfibio americano imbarcato sul portaelicotteri da sbarco Peleliu.

Giovedì 10 marzo 1994. Aeroporto di Mogadiscio. Il «707» dell'Aeronautica Militare si è appena staccato da terra. Sono le 13,50 ora locale. Tre settimane di missione, si stanno con concludendo. Sergio, uno dei tre marinai addetti al quadrato Ufficiali, ha chiesto al giornalista di telefonare alla madre una volta giunto a Roma. In sedici giorni non è riuscito a mettersi in contatto. Trovava sempre occupato. Sia chiaro, ha potuto provare solo tre volte. Il suo desiderio è stato esaudito. La madre quando ha udito il messaggio si è messa a piangere e ha mormorato grazie. A bordo di nave San Marco ho incontrato due sottufficiali con i quali nel 1990 ho navigato da Bari a Costanza per portare aiuti ai Romeni nei momenti peggiori della cosiddetta rivoluzione. A bordo di nave Garibaldi vi era uno dei medici che partecipò a quella missione, come pure il comandante del pattugliatore Cassiopea a bordo del quale trasmisi i servizi relativi alle vicende del Moby Prince. A terra, nella tenda comando del generale Fiore, ho incontrato uno degli ufficiali che parteciparono all'operazione «Airone», in Kurdistan. Esperienze indimenticabili, tutte, che però si perdono e si dissolvono nella memoria dei più, coinvolti in avvenimenti sovente marginali, ma esaltati da certa stampa. Il meccanismo dell'operatività induce forse ad estraniarsi dalla sostanza delle motivazioni. Eppure mentre il velivolo affronta un vento contrario di circa 160 nodi, e la tensione nervosa si va gradualmente attenuando, il livello di attenzione e prontezza quasi precipita, non più sollecitato dall'esigenza di percepire, catturare, localizzare, individuare elementi di notizia per poi ricostruire il quadro complessivo della giornata, si realizza il meccanismo della ricerca automatica: volti, voci, i messaggi interni della nave... «Terza squadra a rilevare... », «Sveglia generale...», «Per attività di volo è proibito circolare sul ponte e a poppetta...», il ritrovo in quadrato prima della mensa, la mensa stessa, con l'occasione di scambiare frasi rapide e qualche battuta con gli ufficiali, il comandante in seconda, perennemente occupato, il direttore di macchina alle prese con i problemi del condizionamento, il commissario indaffarato per far quadrare il bilancio dei rifornimenti alimentari, un giovane ufficiale che si isolava per qualche minuto ascoltando musica con una cuffia, per non disturbare. Squarci di immagini di un caleidoscopio ricchissimo di umanità.

La disponibilità di tutti, senza affettazione, non per ordine ricevuto o per opportunismo. Tutto meriterebbe di essere ricordato, descritto, persino elencato, meticolosamente. Così come enumerare il numero delle scalette interne salite e scese, sino in plancia.

Tra le tante immagini, ha colpito in modo netto, quella dei paracadutisti reimbarcati dai mezzi di nave San Marco. Il distacco dalla terra è stato salutato senza enfasi, con sorrisi luminosi. Quando hanno messo piede sulla nave hanno avuto la sensazione di essere a casa. In un breve tratto di mare, poche miglia, si era realizzato il distacco, si era vissuta la fine di una avventura, non sempre lieta, anzi.

La navi italiane davanti a Mogadiscio erano per quei ragazzi il simbolo della propria terra, la concreta certezza dell'inizio del viaggio di ritorno, al di là degli ordini di operazione, dell'attività degli elicotteri, del lavoro svolto da tutti, Marinai e Soldati, le cinque unità del 25° Gruppo Navale rappresentavano il legame ideale e materiale con quanto di più caro e prezioso possa esistere. I propri sentimenti, i propri valori, il desiderio intimo di sentirsi vicino a ciò che si considera essenziale.

Nei volti di quei paracadutisti, all'apparenza duri, decisi, abituati alla fatica e ad affrontare il pericolo, vi era la risposta a tutte le domande che l'inviato si era posto durante i lunghi impegnativi giorni della missione, come pure gli interrogativi inconsci, suggeriti dal dovere di essere obiettivi, onesti, chiari e il più completi possibile nel formulare i testi da trasmettere in diretta al Giornale Radio, dalla sala radio dell'Unità militare nella quale si era considerati come uno di bordo, un onore riservato a pochi.

Si è cercato, e ci si augura di esservi riusciti almeno in parte, a dare le informazioni essenziali per chiarire il profondo significato della missione delle Forze Armate in Somalia e dare il corretto risalto all'impegno profuso e al suo significato morale."

"Da parecchio tempo vi sono persone che si domandano, senza ottenere risposte soddisfacenti, per quali motivi i grandi mezzi di informazione e, segnatamente, quelli televisivi, ignorino l'attività delle Forze Annate impegnate, costantemente, in attività di interesse umanitario, e soprattutto nella produzione di sicurezza. Anche un recente grande ed efficace manifesto è orientato in questo senso.

Eppure le varie televisioni, con tutto lo spazio di cui dispongono, danno notizie solo quando proprio non ne possono fare a meno, quando i fatti s'impongono per la loro attualità e, quindi, non si può ignorarli. In caso contrario, nulla. Vi sono, o sembrano esservi, numerose spiegazioni. Le Forze Armate non fanno notizia o la fanno solo se qualcuno lancia accuse, confeziona critiche, elabora scenari oscuri. Sembra quasi che l'organizzazione della Difesa sia un qualcosa che non faccia parte dello Stato, inteso come giuridicamente deve essere inteso, un'organizzazione sociale su un territorio e con norme che ne legittimano la sovranità. E di tale organizzazione gli organismi della difesa e della sicurezza rappresentano la manifestazione di una precisa volontà di esistere, operare, lavorare, costruire, collaborare e farsi rispettare, nell'ambito delle leggi internazionali e della difesa di un'identità precisa culturale, etica, deontologica.

Pur tuttavia, la grande stampa, i cosiddetti mass media e i loro protagonisti, osservano con malcelata indifferenza il lavoro oscuro, diuturno, infaticabile, di quanti in uniforme e stellette, assicurano e garantiscono la cornice entro cui la vita di tutti i giorni, ai vari livelli, si svolge convulsamente, spesso anche disordinatamente, entro i confini della madrepatria.

Accade anche che dopo un lungo lavoro svolto con grande disciplina (e forse qualche comprensibile mugugno) non si abbia neppure la soddisfazione di vederlo riconosciuto, senza proclami o enfasi, ma con freddo rigore registrativo, da quei mezzi d'informazione che, al contrario, riservano enorme attenzione e spazi, a tutto il resto. Gli esempi si lasciano a quanti, eventualmente, leggeranno queste brevi note. Dal punto di vista militare, ci si riferisce a quanto è stato fatto per la ex Iugoslavia, in Somalia, in Mozambico ed al lavoro svolto dal Gruppo Navale impegnato per mesi e mesi in Albania, nella vigilanza pesca.

Pochi hanno ritenuto di svolgere una sia pur breve inchiesta, di realizzare un reportage, di avvertire, sia consentito, l'orgoglio di poter mostrare, e non solo all''interno, un'immagine pulita, funzionale, efficiente (anche se tra mille difficoltà, in particolare quelle di bilancio!) di un'Italia che è sempre pronta a partire e parte quando le autorità superiori lo dispongono.

Sicché tutto rimane nel vago, nell'indefinito, al punto che sono in molti a chiedersi, ma cosa hanno fatto? Perché? Come? Chi?

Si esprimono opinioni personali, di cui ci si assume ogni responsabilità. Dal momento che si sono vissute in prima persona molte di queste esperienze si è tentato di testimoniare e lo si è fatto, ma senza un sèguito logico, senza quello che si definisce un approfondimento. Sarebbe necessario far sapere alla gente l'indispensabile sul lavoro delle Forze Armate. Senza esaltazioni, senza retorica, ma semplicemente, badando ai fatti. E specificando i significati, il ruolo, i perché. E tutto questo per rispondere a quanti ignorano, non sempre per distrazione, condizionando in senso non proprio positivo l'orientamento di buona parte della pubblica opinione.

Chi sa con esattezza cosa sia stato fatto per la ex Iugoslavia e in Adriatico e cosa ancora si stia facendo?

Un altro aspetto che meriterebbe più attenzione riguarda la presenza in mare, dal quale l'economia italiana in grandissima parte dipende. Non si scrivono queste righe per dare soddisfazione a chi leggendole si possa sentire in qualche modo gratificato. Si scrivono per un senso di rispetto nei confronti di quanti lavorano a terra e vanno per mare per consentire che tutto proceda al meglio, compatibilmente con i mezzi e le risorse disponibili. Sovente inventandosi soluzioni, non potendo disporre di quanto negato in nome di non si sa bene quali valutazioni. E quando diventa indispensabile essere presenti a livello nazionale e internazionale, allora si pretende che tutto sia pronto, disponibile, la famosa prontezza operativa h24 e ben oltre. E se i limiti imposti dalle risorse denunciano i loro confini ci si chiede perché? Ci si stupisce. Meravigliarsi? Sarebbe vano. Il problema semmai è quello di cambiare musica. Nel senso che la grande stampa dovrebbe affrontare l'argomento con maggior approfondimento. Non si tratta, qui di entrare nel merito delle motivazioni alla base di una disponibilità adeguata di mezzi, strutture, uomini, e neppure delle ragioni di strategia globale che implicano l'esigenza di uno strumento militare adeguato alla nostra posizione nel Mediterraneo, al nostro impegno nel mondo, al ruolo che s'intende ricoprire, ai doveri impliciti insiti nella condizione internazionale. Tanto meno s'intende far riferimento alle contraddizioni tra principi espressi nei documenti ufficiali e l'azione svolta. Più semplicemente si osserva che la realtà è quella che è e che non sarebbe consigliabile ignorarla o tratteggiarla in modo surrettizio, sfumandone i contorni e deformandone la sostanza. La Marina Militare per esempio non fa notizia? Forse, per chi non abbia mai vissuto a bordo, ascoltando il respiro della nave, dividendo con la «gente» attese, insonnia ben motivata, piccoli particolari che rappresentano un immenso patrimonio umano, raccolto in memorie indelebili e dense di significato profondo, che scorrono come immagini nitide, emozionanti, fatte di gesti spontanei, di quel tanto di burbero inteso a nascondere, per pudore, i sentimenti più intimi, l'aspetto creativo della vita sulla «stessa barca». Ed essere accettato, considerato uno di «loro», è il più grande premio, una decorazione invisibile, ma di infinito valore. L'autentico riconoscimento, senza fanfare e senza cerimonie. Fatto con una stretta di mano, con il sorseggiare insieme un caffè o nel vederti offrire a mezzanotte, la pizza. Rito canonico in navigazione per il personale in servizio. Fra le tante pagine di tali memorie, che ci si augura di poter infoltire quanto prima, una, in questo periodo, riaffiora più di altre, Golfo Persico. A bordo di nave Maestrale. Sul ponte di volo sono schierati i marinai e dall'alto, in uno scenario quasi irreale, fatto di colori sconosciuti alle nostre tiepide e tenui latitudini, scende una voce forse un poco metallica, ma che ti prende dentro; la preghiera del marinaio: a qualche migliaio di miglia da casa. Un tramonto tropicale. La nostalgia avvolge la nave. Sarebbe sciocco negarlo: un brivido di commozione, percorre l'intera unità.

I. " LA GUERRA PSICOLOGICA"
Ed. Ciarrapico, 1986

1. Voce del Sud- 3 Maggio 1986

" Della Ciarrapico Editore in Roma segnaliamo il volume di Piero Baroni « La Guerra Psicologica », una interessante disamina del « conflitto sotterraneo e invisibile che si combatte per controllare l'opinione pubblica, per suscitare o distrarre emozioni, per orientare reazioni di massa. Della guerra sottile, molto più diffusa di quanto si possa immaginare, che agisce soprattutto a livello di inconscio, di immagini e di stimolo alle associazioni di idee.

Piero Baroni ricostruisce con lucido rigore il significato della guerra psicologica e dei suoi meccanismi, ripercorre gli avvenimenti della storia passata e presente in cui è stata utilizzata l'arma psicologica, svelando i retroscena e l'uso sapiente dei mass media ». Significativa, in apertura del libro, la citazione di La Rochefoucauld: «Il mondo ricompensa molto più sovente le apparenze del merito che non il merito stesso »".

2. Giornalismo Siciliano - 3 Luglio 1986/ Anno XIII
"Quando le parole diventano armi"

"Per i tipi dell'editore Ciarrapico di Roma, è uscito da poco un volume dedicato ad una analisi del mondo della guerra psicologica scritto dal collega Piero Baroni. In 330 pagine, vengono affrontate le metodologie mediante le quali gli specialisti del condizionamento progressivo e dell'azione psicologica di massa o indirizzata verso gruppi omogenei di soggetti, agiscono per pilotare, manovrare, indirizzare, controllare le reazioni emotive e i comportamenti.

Piero Baroni documenta la sua ricerca con numerosi riferimenti storici, risalendo sino all'affondamento del piroscafo britannico «Lusitania», avvenuto nel 1915, dimostrando come sia possibile, non solo in tempo di crisi o di guerra guerreggiata, diffondere notizie manipolate, distorte, costruite sapientemente, pur di convogliare l'attenzione, la reazione delle popolazioni direttamente o indirettamente coinvolte negli avvenimenti.

L'autore analizza poi i concetti e i criteri della guerra psicologica, ponendo il lettore nella condizione di riflettere anche su episodi recentissimi, risalenti all'estate del 1985, quando il mondo dello spionaggio balzò in prima pagina per una serie di episodi che produssero scalpore e rivelarono retroscena drammatici circa il tipo e la qualità delle informazioni messe in circolazione sovente ad arte, appunto per provocare determinate reazioni, finalizzate a ben precisi obiettivi.

Il libro si chiude con un *lessico della guerra psicologica,* arricchito da un riesame documentato, anche con riferimenti inediti, di avvenimenti, tuttora dibattuti, del secondo conflitto mondiale, in ciò confermando che Piero Baroni privilegia la storia e che considera la cronaca come momento che rapidamente si trasforma in storia, soprattutto per le implicazioni a medio e a lungo termine di determinate scelte, mai causali".

3. Rivista Aeronautica n.1\1987
- di Rosanna Mureddu -

"L'arma psicologica non è meno potente o meno determinante nella conduzione di un conflitto di quanto lo siano altri tipi di armi convenzionali normalmente usate, ma è praticamente quasi ignorata dalla pubblicistica specializzata.

E questo, forse, per due ordini di motivi: innanzitutto perché le sue tecniche si sono "affinate" recentemente, con lo sviluppo della psicologia sperimentale e in secondo luogo perché si tratta di un'arma occulta, invisibile, che è più facile ignorare, rimuovere dal livello conscio, dal momento che quasi nessuno è disposto ad ammettere di poter essere manipolato, senza neppure averne coscienza, da forze estranee a sé che si prefiggono scopi diversi da quelli che lui stesso ha stabilito per la sua vita.

Piero Baroni fa un'analisi rigorosa della guerra psicologica sia sotto l'aspetto dottrinario che esemplificativo, sottolineando in episodi di guerra, anche molto lontani nel tempo, come il condizionamento psicologico sia stato determinante per sorprendere, confondere ed avere ragione del nemico, e tratta in maniera approfondita un argomento estremamente attuale: quello dell'uso dei mass-media nella formazione e, soprattutto, nella manipolazione della coscienza di massa.

Nella lunga introduzione è contemplato un caso di spionaggio, l'affare Jurtchenko, non certo l'ultimo di una lunga serie di "diserzioni" di agenti del KGB alla volta degli Stati Uniti, in cui l'autore evidenzia come l'azione frenante e paralizzante dello spionaggio sull'avversario, sia di per sé un'azione psicologica.

Poi entra nel vivo dell'argomento partendo dalla definizione di guerra psicologica, descrivendone gli obiettivi e l'evoluzione da mezzo estemporaneo di confronto a dottrina sistematica.

Non poteva mancare, ovviamente, il riferimento alla riflessologia e agli studi dello scienziato russo Pavlov sullo stimolo condizionato e la menzione delle altre scuole psicologiche. In appendice, infine, un piccolo glossario dei termini di maggior uso nel testo".

4. Dimensione Sicilia - Giugno 1986
- di Carmelo Pirrera -

"Sapevamo da tempo dell'uso non sempre incolpevole della parola; delle vaste possibilità di insinuazione attraverso una informazione a prima vista innocente; dell'uso astuto del linguaggio e di una certa strategia da sempre attuata per conquistare a determinate cause individui o folle di individui, strati di popolazione. Non é il caso di scomodare gli oratori o i grandi strateghi della parola, la shakespeariana orazione di Antonio é un esempio classico, ma ognuno di noi, nel suo piccolo, quotidianamente si trova a combattere se non una "guerra" psicologica, la sua brava scaramuccia.

Visto alla luce di certi schemi anche l'apostolato può apparire come una forma di persuasione e la sua non originalità si riscatterebbe soltanto per la qualità del messaggio e dei valori ai quali vuole persuadere, non certo per la metodologia.

Ma il libro di Piero Baroni, partendo da una premessa accattivante come un romanzo di spionaggio, vuole denunciare l'organizzazione in sistema di una tendenza già umana che, spinta su un piano di applicazione scientifica tende a disumanizzarsi e a determinare una serie di condizionamenti e di controlli all'interno dei quali la nostra pretesa di autenticità e di libertà si identificano con forme vacue di vanità e di impertinenza.

La guerra psicologica, per Piero Baroni, nel suo libro pieno di riferimenti a sostegno della tesi sostenuta, é una guerra già in atto da alcuni decenni ed ha scelto come campo di battaglia le nostre stesse coscienze alle quali destina con sistematicità scientifica, sotto forma di informazioni e comunicazioni astute, una serie di messaggi che tende a renderci squallida tifoseria di questa o quell' altra parte in conflitto, tesi o ideologia.

Ovviamente si tratta della tesi di gruppi di potere, capaci di organizzare, come si legge nelle prime pagine del libro, anche delle stragi se queste possono tornar comode ai fini della mobilitazione dell'opinione pubblica, puntando sulla emotività, se ciò rientra in qualche disegno o opportunità politica di fronte alla quale la vita umana vale meno che niente.

Episodi di questo genere non sono completamente nuovi nella storia del nostro secolo, solo che alcuni episodi recentissimi, alla luce di quanto andiamo leggendo, assumono aspetti diversi e ci fanno sospettosi sulla verità di quanto apprendiamo dagli organi di informazione che cominciano a demeritare la nostra fiducia.

L'informazione non può, per quello che ne sappiamo, non essere influenzata dal punto di vista dell'informatore, ma nel libro di Piero Baroni questo convincimento di marca pascaliana viene esacerbato al punto che qualcuno potrebbe anche vedere nei fenomeni dei nostri giorni o nella articolazione e forma della notizia (maxiprocesso, nube radioattiva, sanzioni alla Libia ed espulsione dei suoi diplomatici) dei veri e propri tentativi di strumentalizzazione o processi per distrarre l'opinione pubblica da altri temi e argomenti, preparandola a reazioni già scontate e che rientrano in determinati calcoli e programmi.

I servizi segreti di tutti i paesi sembrano impegnati al massimo in tale lavoro. Gli inglesi ormai da anni sembrano i più "intelligenti" e agguerriti, gli americani e i russi - Cia e Kgb -non scherzano nemmeno: non tutte le spie vengono dal freddo, né tutte ci vanno ed anche se "fredda" o "psicologica" la guerra é guerra.

Oltre alle varie reti di spionaggio e controspionaggio, un esercito di persuasori occulti opera alacremente a decidere le nostre grandi e piccole scelte, le lamette da barba, il libro da leggere e forse anche la ragazza da sposare: balliamo alle musiche che ci vengono suonate da una grande e invisibile orchestra, secondo il libro di Piero Baroni, e la nostra libertà di scelta non é che una pia illusione come é illusione l'autenticità delle nostre emozioni in occasione di eventi catastrofici e sciagure. Ad esempio, se la Cia volesse sollevare una ondata di sdegno contro i russi non dovrebbe che fare abbattere - facendolo inoltrare per errore nel cielo dei sovietici - un aereo civile, giapponese o americano, meglio se con molte donne a bordo e molti bambini. Forse lo hanno già fatto e ci siamo sdegnati più di quando simili cose le vediamo al cinema dove sappiamo esistono un regista e un copione da seguire.

Interessante nelle sue analisi e serrato nel suo evolversi, "Guerra psicologica" é un libro inquietante, perché mentre tutte le guerre hanno chiesto e chiedono un contributo in termini di vittime, questa singolare guerra ne chiede una sola con la quale tutti, almeno una volta, ci siamo sentiti imparentati: la Verità é la vittima designata in questa guerra, una vittima da torturare quotidianamente sugli schermi della televisione e sulle pagine dei giornali.

Ce la farà a sopravvivere o mentre ne parliamo é già morta e se ne sono celebrati i funerali coi sacramenti somministrati dai potenti della terra ed un coro di bugie a piangere come tante orfanelle?".

5. *"Perversi persuasori"*
- di Giuseppe Quatriglio –

«Il mondo ricompensa molto più sovente le apparenze del merito che non il merito stesso». In questa affermazione di La Rochefoucauld, posta ad apertura del libro, c'è la chiave di lettura di *La guerra psicologica* di Piero Baroni (Ciarrapico editore. pagine 334, lire 15.000). Si tratta di una lucida e serrata rassegna delle metodologie u-sate sin da tempi lontani per condizionare le masse e indirizzare comportamenti collettivi. Guerra psicologica, dunque, la cui filosofia viene analizzata non sulla base della teoria, ma sulla scorta di fatti concreti. E che fatti!

Episodio emblematico fu l'affondamento, il 7 maggio 1915, del transatlantico inglese «Lusitania» da parte di un sommergibile tedesco U-20 al largo delle coste irlandesi. La reazione anglo-americana fu naturalmente feroce, concentrando le accuse sulla Germania imperiale colpevole di terrorismo, crimine premeditato e di barbarie. I giornali inglesi e quelli americani fornirono versioni che alimentarono l'orrore della pubblica opinione e questo martellamento fu alla base della dichiarazione di guerra degli Stati Uniti fatta agli imperi centrali nel 1917. Soltanto molti anni dopo si seppe che l'affondamento del «Lusitania» fu l'operazione di guerra psicologica più riuscita della prima guerra mondiale. Infatti il «Lusitania» non era un inerme, transatlantico, era un incrociatore ausiliario armato che trasportava materiale bellico. I passeggeri furono imbarcati pur sapendo che la nave sarebbe stata con molta probabilità attaccata. Come in effetti avvenne. Il meccanismo insomma funziona e l'indignazione della pubblica opinione americana servì in effetti ad accelerare l'intervento statunitense.

Tanti altri condizionamenti da guerra psicologica riporta in questo singolare libro Piero Baroni attraverso episodi dai retroscena drammatici. Il saggio pertanto costruisce una finestra aperta un mondo sconosciuto fatti di cinismo, ragion di stato e machiavellismo. E', naturalmente, impossibile citare tutti gli episodi, ma quello che riferisce al ministro de Propaganda di Hitler, Goebbels, va riportato.

Nel 1944, quando già Europa era stata invasa da armate alleate, e il destino della Germania nazista appariva pertanto segnato, Goebbels creò il suo capolavoro propagandistico. Organizzò infatti una rete di stazioni radiofoniche dichiaratamente antinaziste destinate a: «Europa libera». Ma gli annunciatori «antinazisti» erano in realtà nazisti in grado alimentare nei loro notiziari contraddizioni tra le forze politiche e militari in guerra, di dipingere le forze occupanti nel peggiore dei modi. Anche questa era guerra psicologica destinata a destare odio e sentimenti comunque ostili verso gli alleati che liberarono un continente dalla dittatura.

Nell'appendice, un "lessico della guerra psicologica" occupa ottanta pagine. Si tratta di un dizionario abbastanza completo di termini che è bene conoscere se si vuole capire a fondo il meccanismo di una prassi che non ha confini di tempo e di spazio".

6. Rivista Militare
- di Fernando Schettino -

"La guerra psicologica, molto più diffusa di quanto si pensi, è il conflitto sotterraneo e invisibile che si combatte per controllare grandi strati di masse, al fine di pilotarne le opinioni, i giudizi e le conseguenti manifestazioni, agendo sulla ricettività istintiva, sull'emotività, sulle reazioni psicologiche delle masse stesse.

Essa aggredisce intere popolazioni. E una guerra subdola e sottile che agisce a livello di inconscio, di immagini e di stimolo alle associazioni di idee.

La sua azione non mira a danneggiare la massa cerebrale degli individui, bensì a piegarla docilmente ad un disegno ben preciso, fornendo dosi sempre maggiori di persuasione, con il solo vincolo di badare a non superare i limiti dell'utilità oltre i quali vi sarebbe, per reazione, l'automatico rigetto.

Pur avendo origini molto remote," la guerra psicologica trova la sua massima applicazione ai nostri giorni, epoca in cui molti paesi vivono e si sviluppano in una condizione di pace conflittuale che si potrebbe definire «guerra non guerreggiata».

I cardini su cui si basa sono: lo spionaggio mentale e la persuasione occulta.

Lo spionaggio mentale serve a conoscere i pensieri, le possibilità, le intenzioni, le incertezze, le potenzialità dell'avversario. La persuasione occulta a condizionarlo, a creargli ostacoli e crescenti difficoltà, ad impedirgli di realizzare i suoi disegni per ritardarne l'applicazione e limitarne la gittata.

Gli strumenti più efficaci per conseguire lo scopo sono il ricatto, la corruzione, l'ideologia, il danaro e i mezzi di comunicazione di massa quali la stampa e le reti radio televisive in grado di coinvolgere, in un brevissimo lasso di tempo, i sentimenti e le opinioni di tutto il mondo.

Persino i templi della libertà e della democrazia, o almeno quelli considerati tali nel giudizio comune, possono riservare sorprese, suscitare stupore. Infatti è possibile sfruttare a fini politici la predisposizione degli individui ad anteporre la propria, personale ambizione, ad ogni altra considerazione. Per riuscirvi basta, con una avvincente opera di persuasione, favorire l'inclinazione o la vocazione potenziale degli individui senza indurli a debordare nel tradimento o nell'abiura.

L'argomento è di estrema attualità in tutto il mondo ed è anche molto delicato perché interessa i più svariati settori del potere e della vita pubblica.

L'autore ne analizza tutti gli aspetti: i concetti di base, gli scopi, gli obiettivi, l'influenza nei riguardi della strategia globale, le tecniche operative adottate nel corso della storia e quelle che potrebbero essere adottate nei tempi moderni.

Numerosi aneddoti e fatti storici rendono la lettura del libro semplice ed avvincente".

7. Storia illustrata – Agosto 1986

"Svelando i retroscena e l'uso sapiente dei mass-media, l'autore ripercorre gli avvenimenti in cui è stata usata l'arma psicologica per suscitare emozioni, controllare l'opinione pubblica, orientare le masse."

II. " LA CARROZZA D'ORO"
Ed. Bariletti, 1989

1. Brescia Oggi- Giugno 1990
" Pagine Gialli. Tre romanzi italiani. Delitti di casa nostra"
- di Carlo Scaringi

"(...) Pietro Baroni con *"La carrozza* d'oro" (ma il vecchio film di Renoir con Anna Magnani non c'entra nulla), si muove in un ambiente a lui familiare, per motivi di lavoro, quello del traffico di armi e di sofisticate tecnologie, in una vicenda che dal lago di Bolsena si allarga a mezza Europa e al mondo della Nato. Una storia ben costruita, con personaggi verosimili e situazioni ricavate dall' oscuro mondo dei servizi segreti e dello spionaggio militare e industriale. Un romanzo a tratti un po' 'tecnico' e a senso unico, non privo di aperture originali e di una forte carica di tensione, anche perché la cronaca recente ha offerto varie occasioni per conoscere aspetti adombrati nei romanzo, pur chiaramente frutto di fantasia e senza agganci alla realtà(...)".

2. "Quadrante- Rivista delle Forze Armate Italiane"- Anno XXV- N.5- Mensile 31 Maggio 1990
- di Alfredo Terrone -

"Intrighi scientifici nel settore della ricerca spaziale. Un'inchiesta che si dipana in Italia, Svizzera, Francia e Belgio coinvolgendo NATO e Stati Uniti. Un mosaico che si compone lentamente tra colpi di scena e situazioni imprevedibili.

È questo, per sommi capi, il contenuto de «La Carrozza d'Oro», romanzo di spionaggio scritto da Piero Baroni per i tipi della Bariletti Editori.

Baroni, 53 anni, giornalista e ricercatore, lavora nella redazione del GR1 della RAI e collabora con l'Ufficio Storico e la Rivista Militare dell'Esercito.

Al romanzo di spionaggio - nella fattispecie particolarmente attento all'aspetto psicologico del thriller - è giunto attraverso un lungo cammino di esperienze professionali nel settore saggistico. Ha partecipato in qualità di inviato a numerose esercitazioni militari, a navigazioni su sommergibili, a voli con gli elicotteri della Marina Militare e infine a sbarchi con i marò del «San Marco» e con i «Marines» americani durante le azioni di addestramento.

Ha quindi accumulato una articolata esperienza nel settore militare e nell'industria della Difesa e ciò gli ha consentito di calarsi con una ragionevole dose di approssimazione in possibili situazioni di intrecci spionistici, con esiti di indubbio interesse per gli appassionati di questo genere letterario".

3. "La Voce"- Anno VII (XXIII)-N.11- Novembre 1990

"Edito da Bariletti Editori, per la collana Segreto e Mistero, è stato distribuito nelle librerie nazionali il volume di Piero Baroni intitolato "LA CARROZZA D'ORO".

Il titolo e la storia prendono spunto da una leggenda che si tramanda sul nostro lago, quella stessa che il noto ristorante dei fratelli Lombardi ricorda nel nome e nell'epigrafe all'ingresso. Ecco come l'autore, giornalista, ricercatore e scrittore di gialli di spionaggio, descrive la storia, il ristorante ed il territorio di Montefiascone.

"...La vedi quell'isola? - e indicò Martana - Ci ammazzarono una donna, Amalasunta, regina dei Goti. E' ricordata là" e indicò una lapide a fianco della porta d'ingresso. Lanfranco si volse per leggere: "Una leggenda vuole che su queste rive trovò riposo Amalasunta, regina dei Goti, uccisa sull'isola innanzi a voi per bramosia di potere. Ella riposa in uno scrigno favoloso, una carrozza d'oro custodita gelosamente dal tempo. Molti l'hanno cercata come una chimera, ma nessuno ha materializzato questa favola."

"Amalasunta" ripeté Lanfranco.

"La strangolarono - riprese Meco nella sua veste di Cicerone - su ordinazione del cugino, non ricordo come si chiamava. Una storia vecchissima".

L'isola Martana era cupa e ostile. Sembrava inaccessibile. "Il potere - pensò Lanfranco - che brutta bestia."

"Il proprietario - continuò Meco - ha scelto questo posto per una combinazione. Piano, piano, ha costruito bene. Un buon ristorante, un po' caro, qualche camera al piano di sopra, il bar, la sala banchetti. Si sta tranquilli, non c'è traffico. La Carrozza d'oro. L'ha chiamata così..."

"....In autunno il lago di Bolsena è circondato da colori tenui e violenti: gialli, cremisi, amaranto, sfumature tizianesche, verdi si mescolano in una tavolozza folle, eppure l'armonia sembra perfetta. La foschia aleggia lieve, appena sfiorata dal silenzio. Passata e dimenticata la rumorosa e sovente scomposta presenza dei turisti, alquanto irrispettosi, e dei visitatori casuali, la conca del lago torna padrona di se stessa, delle sue leggende, dei suoi misteri, racchiusa nel pudore della sua solitudine un poco sofferta, dimenticata dai grandi, apparenti, interessi culturali. In alto, Montefiascone è indaffarata nel suo divenire lento e pigro. Martana e Bisentina non sono nomi di donne dell'evo antico, ma le due isole del lago. Se l'autunno regala giornate di sole, l'acqua lievemente increspata sembra un ricamo, un inseguirsi di parole, una danza soffice. Gli ulivi, antichi come il tempo racchiuso in quei confini, ancora abbastanza rispettosi della natura e della sua anima, tendono i rami al cielo come elementi di una rappresentazione drammatica; i canneti fremono al frusciare delle correnti, come corpi di donne che vogliono carezze..."

4. L'Unità- 11 Aprile 1990
"Nuovi gialli. Il festival dei duri" - di Aurelio Minonne -

"(...)L'annunciato *"La carrozza d'oro"* (pagine 224. lire 24.000) di Piero Baroni sembra, il frutto di una matura padronanza degli stili e dei contenuti più coerenti ai modi narrativi rispettivamente del giallo d'azione, del Mystery e della spy-story. Il passo è più importante di quanto non appaia(...)".

5. Il popolo, 26 Aprile 1990
"La faccia segreta della vita quotidiana. Una nuova collana di gialli" – di Laura Valentini

"... Scrittore e giornalista anche l'autore di un altro giallo della collana Segreto e ministero : "La carrozza d'oro". Piero Baroni ha, infatti, partecipato a numerose esercitazioni militari con i Marines in qualità di inviato, ed a tali esperienze si e ispirato per questo suo libro di spionaggio per il quale ha scelto l'analisi psicologica come metodo e il mondo scientifico come terreno.
La leggenda della carrozza d'oro con la quale Amalasunta, regina dei Goti, è affondata nel lago di Bolsena, fa da sfondo a questa vicenda, tra le ombre oscure di un lontano passato e le trame moderne di una vicenda d'oggi.
Una storia attuale giocata come una partita a scacchi, su una scacchiera internazionale, ove la posta in gioco è la vita: un mosaico sempre sul punto di frantumarsi, di disperdersi tra dubbi ed incertezze, fuorviando il protagonista sullo sfondo di ambiguità e sottili allusioni.
Un duello di fredda intelligenza che coinvolge CIA e NATO.
Un giallo dalla scrittura piuttosto essenziale, che non disperde l'attenzione tesa sul filo della trama, sul susseguirsi di azioni che non indulgono troppo neppure nella descrizione delle più belle località europee, teatro degli intrighi spionistici.

Dalla malinconia d'un tramonto autunnale sul lago di Bolsena, complice silente dell'omicidio, all'intrigo suggestivo delle strade della vecchia Roma, depositaria di segreti messaggi.

Dall'aeroporto di Fiumicino, dal quale partono i primi incomprensibili incidenti, a Ginevra, composta spettatrice, di incontri ad alto livello, tra telematica e spionaggio, elettronico. L'affascinante Parigi, l'enigmatico Nilo, l'internazionale Bruxelles, nulla potrà fermare la ricerca della verità".

6. Corriere "La Domenica"- Viterbo Speciale- 8 Luglio 1990
        - di Enrico Anselmi -

" «La carrozza d'oro» l'ultimo giallo di Piero Baroni, fa riaffiorare la drammatica leggenda sulla morte della regina dei Goti. Rivive il mistero di Amalasunta. L'Europa, terra di frontiera tra equilibri politici ed interessi economici, teatro di un' intricata vicenda che ha il suo inizio sul lago di Bolsena".

"Attraverso l'acqua, in trasparenza un volto di donna, di una regina, uccisa. Peso ormai inerte, affidato alle acque, che la ghiottona in un cieco alveo. Il lago si richiude. Impenetrabile, accoglie e protegge un nuovo misfatto, un nuovo enigma. E il mistero di una sovrana scomoda, relegata, in esilio, condannata alla prigionia, alla morte. E' il mistero di Amalasunta dopo secoli di oblio riesumato, riportato in superficie, strappato ai fondali oscuri, agli abissi. E' l'ennesimo enigma, che si mostra agli uomini assetati di verità, e tuttavia si ritrae, sfugge. E' il rebus di cui Piero Baroni si è riappropriato nella sua ultima fatica letteraria " La Carrozza d'oro", un giallo di spionaggio. Si consuma tra l'Italia e il mondo questa vicenda interrotta, sincopata, sullo sfondo di una civiltà governata dalla "tirannide" tecnologica, dai sistemi computerizzati, dai mega centri di patrimoni memorizzati. Dal lago di Bolsena ha il suo inizio. E la morte, la scomparsa, l'annullamento della realtà oggettiva che si ritrae dietro l'illusoria manifestazione delle apparenze, la diabolica macchinazione per pianificare lo svolgimento degli eventi, il sottile gioco di sadica psicologia nel mettere l'uomo di fronte al dilemma, alla biforcazione, e vedere e godere della scelta, il filo conduttore del libro. Nella narrazione, un attento, razionale e tuttavia imprevedibile dipanarsi dei fatti. L'incipit di una storia che dal passato si riaggancia al presente, sulle tracce di una verità che solo nelle ultime pagine si mostra, si fa sfiorare, forse senza farsi raggiungere,inizia con un delitto. L'idea di scrivere "La Carrozza d'oro" è balenata nella mente dell'autore, giornalista Rai del Gr1, al suo sesto libro, da una visita al lago di Bolsena.

Una passeggiata costeggiando le rive concave, arrotondate, una sosta, il riaffiorare alla memoria delle drammatiche vicende di Amalasunta, il richiamo forte, nitido di quella morte misteriosa, leggendaria che ancora chiede di essere svelata, lo splendido scenario che si apre a dominare l'orizzonte, di natura padrona, quasi selvaggia, la cornice perfetta per una storia. "La carrozza d'oro sarebbe il titolo ideale per un giallo" è stata la prima esclamazione di Baroni. "E altrettanto immediata è stato il desiderio di parlare, attraverso questo libro di una splendida terra, purtroppo poco conosciuta, che come poche altre ha creato quell'abitat che tutti gli scrittori cercano per poter ambientare una storia o per riuscire a catturare l'ispirazione".

Questo nuovo capitolo si era così aperto. Una trama complessa, che si delinea per frammenti, in un continuo crescendo, commista di intrecci frutto di immaginazione e personaggi tratti dalla vita reale. Riemergono le esperienze del cronista, vissute da una parte all'altra del mondo, le situazioni più disparate, l'eco degli intrighi dell'onnipresente spionaggio internazionale. "Non è necessario-afferma Baroni - creare protagonisti immaginari. E' la quotidianità stessa ad offrirceli. I miei personaggi infatti sono persone reali. Esistono realmente. Conosco i due interlocutori, i due protagonisti che si ritrovano l'uno accanto all'altro; il Lanfranco che nel libro è l'investigatore, e lo scienziato". La storia li vede contrapposti, il detentore dell'enigma, il possessore del segreto di Amalasunta, e colui che tenta in ogni modo, forse riuscendo a penetrare nella mentalità dello scienziato che fino alle ultime battute è il vero messaggio cifrato, il reale mistero da svelare. In tal senso la psicologia ha un ruolo fondamentale nella trama del giallo che per certi versi si ricollega a " La guerra psicologica", un altro libro di Baroni scritto nel 1986. E' il trionfo dell'ambiguità, del gioco mortale, nel tentativo di cogliere un multiforme, ingannevole intersecarsi di situazioni, di giochi sottili, tesi da abili mani, per invischiare, per intrappolare una preda già designata. Lo sfondo è un'Europa, terra di confine, crocevia di strade, di interessi, soggetto e oggetto di manipolazioni. Protagonista è la realtà sommersa dei retroscena, delle forze latenti sotto l'immagine levigata, che rassicura. E la ricerca storica, per far rivivere la drammatica vicenda della regina dei Goti, in stretto rapporto col presente, ha portato Baroni a riscoprire la civiltà di un popolo, supportato dalla proficua collaborazione con la moglie Fanny (autrice anche degli enigmi e delle sciarade numerosi nel giallo). "E soprattutto il retaggio del passato, il legame col mito, mi hanno posto di fronte ad uno splendido ritratto, dapprima frammentario, di quella sovrana, vissuta nell'intento di compendiare la temporalità del potere terreno, con l'anelito alla spiritualità, e tuttavia incompresa e isolata. E lo stesso tentativo di composizione, di compromesso si ripropone oggi, all'uomo contemporaneo che della storia non ha ancora imparato a conoscere l'essenza". Il mistero di Amalasunta rimane inviolato".

7. Cristaldi Film/ Ufficio Soggetti.
Roma, 18 Settembre 1991

"Egregio Signor Baroni,
abbiamo letto il suo romanzo "La carrozza doro".(...)
La sua "spy story" è indubbiamente ricchissima di personaggi e di situazioni, fin troppo ricca, diremmo, perché moltissime pagine, assai interessanti sul piano didascalico, non sopportano una traduzione per immagini. Né il romanzo, volendone mantenere

almeno in parte la complessità, può restare nei limiti di un film per le sale. Sarebbe molto più adatto a un "serial" televisivo (...) genere che però non rientra nei nostri interessi produttivi. (...)Riteniamo comunque che altri produttori dediti alla "fiction" potrebbero trovare in "La carrozza d'oro" elementi validi anche per un prodotto di orizzonte internazionale.

I migliori auguri e i più distinti saluti."

III. OBIETTIVO MEDITERRANEO
Ed. Reverdito, 1989

1. "Il Popolo" – 22 Novembre 1989
– di Sandro Caputo -

"(...) Fra gli studenti le opere che Luigi Reverdito va pubblicando possono trovare larga accoglienza, con effètti positivi nel campo della cultura regionale e nazionale. Tra quelle più recenti è da segnalare il saggio «Obiettivo Mediterraneo» di Piero Baroni, giornalista di Radio-Uno.

E' un libro che appare, si può dire, nel momento giusto, e cioè alla vigilia, dell'incontro fra il Presidente americano, Bush, e il leader sovietico Gorbaciov, proprio nel Mediterraneo, nei pressi di Malta.

L'autore presenta il volume con le parole che il Presidente del Senato, Giovanni Spadolini, ha acconsentito a pronunciale sul tema trattato da Baroni.

«Il Mediterraneo è una'delle aree -in cui oggi più forte è la conflittualità- periferica: basti pensare alla questione mediorientale. In esso, sotto la spinta del fondamentalismo islamico; si scaricano anche le tensioni del Golfo Persico. Una conflittualità che è stata terreno di coltura del terrorismo internazionale, che infatti affonda le sue radici nella questione palestinese e nel fanatismo religioso».

Il Presidente del Senato ricorda inoltre che il Mediterraneo è una delle cerniere del rapporto, tra Nord e Sud, e pertanto la sicurezza del Mediterraneo deve essere uno degli obiettivi prioritari della politica estera italiana.

Da parte nostra possiamo aggiungere che - l'incontro fra i Capi delle due superpotenze darà certamente un notevole contributo alla politica dei Paesi occidentali tesa a mantenere stabile la sicurezza nel Mediterraneo e a favorire la cooperazione dei Occidente con i Paesi dell'area mediterranea".

2. Il Gazzettino- 15 Maggio 1989

"Libri a Nord- Est" di Ivo Prandin

"(...) Da Trento, la Reverdito propone alcune singolarità legate alla nostra vita: *Obiettivo Mediterraneo,* sulla crisi geopolitica di quest'area strategica, *L' infanzia delle stragi* che rievoca il caso Lavorini, primo dei sequestri minorili e, di stretta attualità, *1992, come convivere con il grande mercato* del prossimo futuro(...)".

3. La Voce Repubblicana – 28\29 Settembre 1989

" Dai saggi di Baroni e Montagni interrogativi sul futuro dello scacchiere mediterraneo. Due scenari per gli ani'90. Perchè all'Italia servono nuovi modelli di difesa" - di Giuliano Caroli

"Da molto tempo non è più una novità affermare che il Mediterraneo è ormai una delle aree più "calde" del globo e più ricche di fattori destabilizzanti. In questo senso è divenuto un "obiettivo" di spinte e crisi che si intersecano e si sommano. Ma è il conflitto mediorientale la causa primaria delle situazioni incandescenti che vi si sono verificate e che hanno coinvolto progressivamente la sicurezza stessa del nostro paese.

Lo scacchiere mediterraneo è stato ed è tuttora oggetto di scontri improvvisi, degli attacchi del terrorismo internazionale, di conflitti politico - diplomatici come di contrasti economici. Ed è allo stesso tempo la via dove transita circa un terzo del traffico mondiale di merci e una quota consistente del fabbisogno energetico occidentale. Baroni, più volte inviato speciale, svolge nel volume una critica ampia e ragionata sulla condizione politica e strategica di sostanziale fragilità dell'Italia. Lo fa partendo dai venti di guerra tra Libia e Stati Uniti alle porte di casa ed entrando subito nel vivo della Conferenza di Parigi sugli aggressivi chimici, nel contesto delle polemiche sullo stabilimento di produzione chimica della Libia a Rabta: un complesso di vicende politiche che ha sommato a quelli italiani ritardi, incertezze e carenze a livello europeo nei confronti dell'instabile settore meridionale del continente.

E l'occasione per una incalzante critica di tutta la politica di difesa italiana, dai tempi in cui si affidava «in toto» alla Nato ed alla garanzia nucleare americana la sicurezza nazionale, agli insuccessi di una politica di integrazione europea nel settore della difesa, fino all'anomalia di un forte squilibrio numerico nei sistemi di difesa convenzionale nei confronti del patto di Varsavia ed alle nuove, recenti tendenze di una ripresa della gestione bipolare USA - URSS dei problemi della sicurezza. L'indagine di Baroni avanza quindi su terreni delicati e complessi, tutti legati fra di loro da varie connessioni nel contesto più ampio della sicurezza internazionale.

Dalla crisi di credibilità della Nato, alle deficienze della cooperazione economico - produttiva e strategica degli alleati ed alla mancanza di un discorso politico unitario a livello europeo ; dalla dolorosa vicenda del bilancio della difesa (sintomi difensivi costantemente inadeguati, bassa credibilità dissuasiva nei confronti di aggressioni esterne), alla scarsa sensibilizzazione nazionale su qualsiasi argomento attinente alla difesa e all'aggiornamento della strategia politico -militare, al basso livello tecnologico delle forze armate italiane.

Questa ultima valutazione porta l'autore a sottolineare in particolare l'importanza e l'urgenza dell'impiego, tecnologicamente più valido, di satelliti di telecomunicazione e telerilevamento come misura di prevenzione verso minacce esterne (ma è ancora incerto il futuro dell'avanzato progetto nazionale Sicral). La disinformazione, la generale emotività pro-disarmo, la denuncia costante di qualsiasi spesa per la difesa come spreco di danaro pubblico, se non come tentativo isolato di proiezione esterna di potenza, sono elementi che inceppano l'ammodernamento e l'acquisizione di nuovi sistemi operativi in ogni settore delle forze armate (dal carro armato di 2° generazione al sistema di comunicazione e controllo Catrin), inficiando l'adozione dei "nuovi orientamenti" già delineati per gli anni '90, per mantenere a livelli efficienti il modello di difesa nazionale.

Tutto questo, quando l'evoluzione del sistema internazionale, con la maggiore incidenza della difesa "convenzionale" nello scacchiere europeo - mediterraneo, impone al nostro paese un ruolo - chiave molto più incisivo per la sicurezza europea. Si rischia invece, di restare indietro anche su questo terreno che, in ogni caso, farà parte integrante dell'Europa del '92".

4.   Recensione di F.Bo.

"Nel libro sono condensati gli aspetti salienti dell'attuale, non facile problematica della sicurezza dell'Italia con particolare riguardo al Mediterraneo e alle esigenze (molte) e possibilità (poche) di ciascuna delle tre Forze Armate, alla luce di una maggiore assunzione di responsabilità in questa'area instabile e vitale per l'Italia.

Molta attenzione viene dedicata al problema dei satelliti, che sono un mezzo indispensabile per disporre di un affidabile sistema di scoperta, comunicazione e intervento: esigenza che gli eventi passati e presenti, specie nel Mediterraneo e in Europa, non cessano di sottolineare, perchè in tutti i casi si tratta di individuare in tempo utile minacce di qualsiasi natura, sia nell'aria che in superficie.

L'analisi condotta, sempre viva chiara e interessante nonostante il peso e la difficoltà degli argomenti, è sostanzialmente equilibrata e obiettiva. Ampio è lo spazio dedicato sia agli eventi del 1989 — con particolare riguardo al riemergere del problema della guerra chimica — sia ai contenuti della «Nota aggiuntiva» per il bilancio della Difesa 1989; viene posta in risalto con numerose tabelle l'inadeguatezza degli stanziamenti e la necessità inderogabile di interventi straordinari per tutte e tre le Forze Armate, pena la loro anemizzazione.

Due cose sole vi sono da osservare: a) il libro non si sbilancia sulla questione oggi essenziale, l'attribuzione di precise priorità in ambito interforze a programmi di forza armata tutti di per sé legittimi e giustificati; b) viene citato come punto fermo un non meglio precisato studio «con ogni probabilità ispirato se non commissionato da Londra a Washington»-(p. 112), ove si sostiene che, data la superiorità della NATO nel Mediterraneo, «la presenza militare americana in Europa verrà ridotta, soprattutto nell'aliquota mediterranea, dove l'Italia potrà giocare un nuovo ruolo fondamentale».

Per gli Stati Uniti e la loro strategia planetaria, dunque, il Mediterraneo non è più importante? E, questo, un nodo di importanza basilare per la Marina, e non solo per la Marina. Ci limitiamo ad osservare che, se ciò avvenisse, significherebbe che gli strateghi di Washington non solo hanno dimenticato d'un colpo la crescente importanza — da tutti riconosciuta — del «fianco sud» della NATO e delle basi in Italia, ma anche intendono rinunciare ad ogni effettiva possibilità di controllo e intervento immediato in delicatissime aree - Africa Settentrionale, Medio Oriente- che invece sono da sempre di interesse primario, come via del petrolio e baricentro delle crescenti tensioni nord-sud.

Un punto fondamentale da chiarire dunque, per il quale il Baroni getta un sasso nello stagno e mette sull'avviso tutti".

5. "Quadrante- Rivista delle Forze Armate" – Anno XXIV, N.9-10, 1-31 Maggio 1989

"Analisi della sicurezza in un'area fondamentale per l'Italia"
- Di Enzo Fiore

"Le problematiche che vanno attualmente ad intrecciarsi nella regione dell'antico «Gran mare» dei Fenici (teatro fin dall'antichità di intensa navigazione, crogiuolo di culture e civiltà diverse, crocevia degli equilibri Est-Ovest e dei rapporti Nord-Sud) vengono presi in esame da Piero Baroni (giornalista RAI e inviato speciale) nella sua recente opera «Obiettivo Mediterraneo», edita da Luigi Reverdito. Il volume si presenta con una premessa del Presidente del Senato, Giovanni Spadolini in cui si sottolinea la conflittualità presente nell'area e la necessità che la sicurezza mediterranea sia «uno degli obiettivi prioritari e costanti della politica estera italiana».

Gli eventi esaminati da Baroni vanno ad iscriversi in un arco di tempo che può essere considerato momento essenziale della nostra storia recente, calato in un contesto internazionale segnato sia dall'accordo USA-URSS sulle INF sia dal processo di democratizzazione della società e dell'apparato istituzionale sovietici.

Il libro è stato presentato a Roma, nella splendida cornice di Palazzo Barberini, dal Ministro della Difesa Valerio Zanone, dall'ambasciatore Rossi, dal Capo di Stato Maggiore dell'Esercito, Gen. Di Martino, dal professore Cappuccini e dal dott. Pucci: «Quattro competenze diverse che vengono a manifestare la vastità di interessi che il libro di Piero Baroni richiama», come ha detto Zanone nel suo intervento.

«È una scelta lungimirante - ha detto ancora Zanone - perché corregge la percezione più consueta che in materia di politica militare, quindi anche di pubblicistica militare, generalmente segna una posizione costantemente di primo piano ai problemi dell''Europa centrale».

Lo studio di Baroni prende le mosse dalla vicenda dell'abbattimento dei due MIG 23-S libici da parte dei TOM-CAT statunitensi - uno dei tanti momenti caratterizzati da improvvisa tensione che spesso percuotono l'intero scacchiere mediterraneo - per soffermarsi poi ad analizzare il complesso caso dello stabilimento chimico di Rabta e le tematiche legate alla ricerca di messa al bando delle armi chimiche.

Un altro capitolo tende ad evidenziare «i termini dell'equazione Europa», alla luce della sfida insita nella ventata riformatrice in atto nell'Unione Sovietica, e nella prospettiva del Mercato Unico Europeo che da solo non basta a trasformare il «Vecchio Continente» in una potenza economica industriale per i limiti del potere decisionale frazionato e talora non in sintonia.

«Le debolezze dei paesi europei singolarmente considerati potrebbero attenuarsi qualora si costituisse l'Europa politica. È l'unica strada percorri bile, quantunque difficilissima più per la differenza e i freni psicologici interni che per i condizionamenti esterni o ispirati e manovrati dall''esterno». Cosi scrive Baroni a proposito della difesa europea, non tralasciando di stigmatizzare le posizioni del Regno Unito, che «guida l'opposizione all'unificazione politica europea»; quella della Francia, che «langue nella sua malinconica decadenza» e degli altri partners europei dell'Alleanza Atlantica, ponendo un particolare accento sui variegati problemi che sottendono la questione tedesca.

Non manca, in un'intervista del Gen. Angioni, un cenno all'opera svolta dalle Forze Armate italiane in Libano e nel Golfo Persico: una pagina di dignità.

L'autore si sofferma infine a trattare dell'Italia e, segnatamente, di quanto si fa nel nostro Paese nel settore della difesa e della sicurezza.

«L'Italia, al centro del Mediterraneo, rappresenta, con la Grecia e la Turchia, il fianco sud della NATO, il settore più debole e più esposto. E l'Italia non ha fatto granché per scrollarsi di dosso l'etichetta di basso ventre molle dell'Europa». A seguito di tale affermazione vengono sottolineate in una vera e propria «anatomia» del bilancio della Difesa l'insufficienza delle risorse a disposizione della Difesa per i compiti operativi e l'inadeguatezza delle quote destinate all'investimento per ammodernamento, rinnovamento, ricerca e sviluppo. Da qui, l'ampio spazio dedicato ai programmi di ammodernamento delle Forze Armate.

A chiusura del volume, un'intervista al Ministro della Difesa Zanone che si sofferma sui seguenti punti: strumento difensivo nazionale; posizione dell'Italia nel Mediterraneo e sicurezza; orientamenti per gli anni '90; esigenze e priorità.

Nello sforzo di porre all'attenzione sia la necessità di una dimensione mediterranea della politica europea sia il ruolo che compete all'Italia nel campo della sicurezza e della stabilità nell'area del Mediterraneo, il volume di Baroni si raccomanda per rigore di analisi, articolazione di tematiche e compiutezza di trattazione di una questione che va intessendo sempre più il pensiero politico e culturale italiano".

6. Rivista Aeronautica n.5\ 1989
– di Emilia Geraci -

L'Italia è geograficamente e strategicamente al centro del Mediterraneo e rappresenta un settore fondamentale del fianco sud della NATO. Questa considerazione geostrategica, unita al fatto che l'Italia è una delle sette potenze economiche dell'Occidente, attribuisce al nostro paese un ruolo primario ed una grave responsabilità nei confronti dell'Europa, della NATO e delle democrazie occidentali in genere.

E' un fatto che questo ruolo sia stato negli anni sottovalutato, mal sfruttato, ritenuto scomodo oppure oneroso.

L'analisi condotta da Piero Baroni in questo recente studio mira non solo a sceverare le caratteristiche, i retroscena e le implicazioni di tale ruolo, ma anche a porre il problema italiano e mediterraneo nel più ampio contesto europeo e mondiale.

Dagli incidenti diplomatici del gennaio scorso fra USA e Libia, alla Conferenza di Parigi sulle armi chimiche, all'analisi dettagliata dell'attuale assetto operativo e finanziario delle nostre forze armate, il volume raccoglie e cita varie fonti giornalistiche, politiche e diplomatiche nell'intento di dare al "problema Mediterraneo" un'inquadratura completa ed oggettiva.

Nel fare questo, Piero Baroni — già inviato speciale e autore di numerosi saggi — non rinuncia a mettere chiaramente in luce, con inconsueto realismo, gli interrogativi non ancora risolti in merito al dialogo fra l'Occidente e l'URSS di Gorbaciov e le incognite che può riservare al nostro paese la ricerca troppo disinvolta di un dialogo costruttivo e pacifico con gli altri paesi del Mediterraneo, quali la Libia, senza che esso sia coerentemente affiancato dalla capacità di rispondere ad ogni minaccia che da essi possa pervenire.

Questi elementi fanno dello studio di Baroni uno strumento utile per calarsi nella realtà mediterranea con il minimo dei condizionamenti che troppo spesso inquinano la saggistica e la stampa su questo argomento. Ma il saper trarre, dalle vicende attuali, elementi di giudizio quanto più possibile oggettivi, non esime — avverte il giornalista — dal calcolare costantemente e con cura la soglia oltre la quale si passa dalla legittima ricerca del dialogo internazionale al rischio inaccettabile che il nostro paese rimanga al centro del Mediterraneo sprovvisto dell'adeguata protezione".

7. Roma, 24.4.1989 Press Italia - n.98\99\100
*"Il quadro sulla sicurezza del mediterraneo in un libro di
Piero Baroni"*

"La sicurezza del Mediterraneo deve essere uno degli obiettivi
prioritari e costanti della politica estera italiana. Da essa dipende la
sicurezza stessa del nostro paese e quella di uno dei lati più esposti
della comunità euro-atlantica dalla cui sicurezza la nostra non può
essere disgiunta". Lo afferma il presidente del senato Giovanni
Spadolini in una dichiarazione pubblicata nella premessa del
volume."OBIETTIVO MEDITERRANEO" di Piero Baroni, Edito
da "Luigi Reverdito", Editore da Trento. Il presidente Spadolini
osserva che " La convocazione di una conferenza internazionale per
la soluzione del problema palestinese e di una conferenza contro il
terrorismo internazionale sono due degli obiettivi alla cui
realizzazione deve mirare la politica italiana". Circa i rapporti est-
ovest, e la dialettica della distensione, il presidente del Senato
ammonisce a "non cedere a quelle tentazioni ireniche su cui fa leva
presso l'opinione pubblica l'offensiva del disarmo sovietica". "Il
ruolo dell'Italia - conclude il presidente Spadolini - deve essere un
ruolo di punta nella comunità euro atlantica". Nel suo lavoro, Piero
Baroni, redattore del giornale radio uno, affronta, con una ricerca
documentata e minuziosa, il problema delle spese militari in
Italia sottolineandone le carenze, analizza la situazione e il ruolo del
nostro paese nel Mediterraneo, uno scacchiere instabile, esposto ai
rischi di mutamenti improvvisi, affronta il retroscena dello
stabilimento chimico realizzato da Gheddafi, quelli della conferenza
di Parigi sulle armi chimiche, l'orientamento della Nato nel settore
sud, corredando la ricerca con dichiarazioni del Ministro degli Esteri
Giulio Andreotti, il quale considera imprudente abbassare la guardia
di fronte al terrorismo- chiude il libro un'intervista al Ministro
Zanone che sulla questione dei satelliti nell'ambito della dipesa e
protezione civile dice;" E' indiscutibile che la disponibilità di
satelliti finalizzati a tali funzioni costituisca un elemento decisivo ai

fini della sicurezza, soprattutto in una regione contraddistinta da un'elevata instabilità e imprevedibilità".

8. "IL MATTINO DELL'ALTO ADIGE"- Maggio 1989- *"Un mare Inquieto"* - di B.Palmiro Boschesi

"Che cosa sta succedendo nel Mediterraneo? Dopo *l*'ultimo, incidente tra Stati Uniti e Libia, i retroscena dello stabilimento chimico realizzato da Gheddafi a Rabta, il coinvolgimento della industria tedesca,il "mare nostrum» rappresenta uno scacchiere instabile, esposto ai venti della crisi e dei mutamenti fulminei.
   Ecco, per la penna del giornalista Pietro Baroni, un'analisi impietosa dei ritardi e delle carenze europee nel settore della sicurezza e della difesa in un mare nel quale transita un terzo del traffico mercantile mondiale e dal quale dipende l'economia italiana soprattutto per i rifornimenti energetici. Il libro tratta della conferenza di Parigi sugli aggressivi chimici e del durissimo confronto tra arabi e israeliani dalla tribuna di un dibattito mondiale sull'atomica dei poveri e presenta una ricerca meticolosa e documentata sulle spese per la difesa in Italia".

9. "Il Giornale" – 5 Maggio 1989

"Un saggio sui problemi posti dall'«Obiettivo Mediterraneo»"
"Roma - «Obiettivo Mediterraneo»: è il titolo di un saggio di Piero Baroni, presentato ieri a Palazzo Barberini, con l'intervento del Ministro della Difesa, Valerio Zanone, e dei vertici delle Forze Armate.

Il libro- edito dalla Reverdito di Trento - è un analisi sul problema della sicurezza dell'area in cui è inserita l'Italia sia nell'ottica della NATO, sia in quella del Patto di Varsavia.

Baroni ha messo in rilievo i vari elementi di instabilità del Mediterraneo, ne ha evidenziato l'importanza per il nostro paese e ha sostenuto che esso deve, perciò, rafforzare la propria presenza nello scacchiere, al di là del supporto costituito dal sistema di difesa atlantico.

L'opera è corredata da un intervento del presidente del Senato, Giovanni Spadolini; da dichiarazioni del Ministro degli Esteri, Giulio Andreotti, e da una intervista al Ministro della Difesa, Zanone. In appendice, un esame critico del bilancio militare italiano.

10. " La Stampa"- 6 Maggio 1989

"« Obbiettivo Mediterraneo»- Con questo titolo il giornalista Piero Baroni ha scritto un libro che analizza i ritardi e le carenze europee nel settore della sicurezza e della difesa, particolarmente nel Mediterraneo."

IV. "GENERALI NELLA POLVERE"
Ed. Reverdito, 1989

1. "OGGI"- 13 Dicembre 1989- di Ruggero Leonardi

" Giugno 1940- febbraio 1941: eravamo in Africa a combattere gli inglesi e abbiamo perso. Eravamo inferiori di numero? Al contrario. Eravamo inferiori nei mezzi? Neanche questo è vero. Eravamo codardi? Sciocchezze. E allora? Eravamo impreparati.

In questo solco si muove l'indagine, molto documentata, di Piero Baroni, inviato speciale. Indagine necessariamente impietosa nei confronti dei maggiori responsabili della vicenda: il maresciallo Graziane comandante supremo; il generale Berti, suo diretto collaboratore che però collaborava all'italiana, facendo la fronda nell'ombra.

Un libro che, ancora una volta, fa riflettere sulla capacità di ogni italiano di farsi una guerra «in proprio», ma non in coordinamento con altri".

2. "IL GIORNALE" – 3 Dicembre 1989

" La campagna d'Africa del '40-'41 e i limiti dell'esercito" - di Giovanni Cavallotti

"Dal 13 maggio 1943, quando finì l'avventura militare italiana nel Nord Africa, sono trascorsi 47 anni: le polemiche non accennano a spegnersi, come dimostra, fra gli altri, il saggio di Piero Baroni "Generali nella polvere", che ha come sottotitolo Perché abbiamo perduto in Africa settentrionale (giugno 1940-febbraio 1941)...

Verrebbe quasi voglia di fermarsi qui, dato che la risposta è: «perché comunque non avremmo potuto vincere». Ma è una risposta che, limitatamente al breve periodo preso in esame dall'autore, presta il fianco a contestazioni e va quindi, sia pur per sommi capi, chiarita.

All'indomani della guerra vi fu un'alluvione di memoriali in cui si sosteneva che avremmo potuto vincerne almeno il primo round, conquistando il Mediterraneo e accaparrandoci un futuro migliore. E si delinearono due tesi - quella del tradimento in alto loco e quella dell'inettitudine dei comandi - entrambe appoggiate sulla controprova di dati statistici dai quali risultava che inizialmente le forze italiane erano superiori a quelle avversarie.

La prima tesi non resse alla verifica dei fatti. La seconda viene ribadita ora da Baroni, che si avvale di un'ampia documentazione nonché di una marea di cifre. Il risultato è suggestivo, ma l'errore di fondo rimane.

L'iniziale superiorità italiana era soltanto numerica. Qualitativamente, versavamo - salvo eccezioni - in uno stato d'inferiorità, ch'era ad un tempo di mezzi, di uomini e di organizzazione e che spesso sfuggiva alle statistiche. I nostri caccia avevano armi meno efficaci di quelle degli avversari, i nostri pezzi anticarro facevano poco danno; i nostri reparti, corazzati ingloba- vano le patetiche «scatole di sardine». Le modernissime «Vittorio Veneto» surclassavano senza dubbio le vetuste «Queen Elizabeth»: ma nessuna scheda tecnica rivelava che i cannoni navali inglesi erano assai più temibili dei nostri perché avevano un munizio- namento migliore, e anche migliori cannonieri.

All'inferiorità qualitativa dei mezzi si sommava cosi la scarsa capacità - o voglia - di usarli, e questo valeva a *tutti* i livelli. Baroni infierisce sui generali, in particolare sull'allora comandante in capo, Graziarli. Ha ragioni eccellènti, perché i nostri comandi in Libia diedero pessima prova. Ma, detto questo/sorgono alcune domande. Quanti fra i generali italiani erano *sicuramente* migliori di Graziani? E quanti fra i colonnelli erano naturali successori? Certo, se nel '40 avessimo avuto un Rommel o soltanto un Patton, saremmo giunti ad Alessandria pur coi nostri modesti mezzi. Ma ci sarebbero voluti anche i *Panzergrenadiere, o* i *Marines* da affiancare a una truppa composta di una maggioranza di bravi soldati che facevano il loro dovere: ma che lo facevano con l'animo di chi compie un sacrificio, non con l'aggressività che alligna fra i nordici.

Questa è la strada che si deve imboccare se si vuol trarre una lezione di verità dall'ultimo conflitto: il quale, al di là di ogni suo altro aspetto, fu la tragedia di una nazione tradizionalmente avversa alla guerra, che fu chiamata a combatterne una impopolare, contro un nemico verso il quale nutriva complessi d'inferiorità. Tutto il resto, data la sterminata documentazione di cui ormai disponiamo, rischia di diventare o polemica sterile o fantastoria.

A quest'ultimo genere finisce con l'appartenere senza volerlo un altro saggio, nel quale l'autore, Francesco Montelatici, ha profuso la propria esperienza di ufficiale del genio e la tenacia di trent'anni di ricerche. Il titolo è lunghissimo: *Se Hitler fosse andato a Sud... Ecco come avrebbe vinto la guerra*. (Ed. Oceania, pp. 286, lire 26.000). L'idea è affascinante, anche perché prende l'avvio da episodi storicamente accertati. Dopo il crollo della Francia, alcuni fra i più vicini collaboratori di Hitler proposero di rinviare le operazioni «Leone Marino» e «Barbarossa» e di gettarsi con tutte le forze a sud, pendendo a rimorchio gli italiani e conquistando il bacino Mediterraneo, «cuore e polmone» dell'Impero inglese. E Hitler considerò seriamente la proposta, salvo poi scartarla con enorme sollievo degli inglesi.

Su questa premessa Montelatici ha ricamato un merletto, fatto di cifre, tabelle, confronti, analisi strategico-tattiche, studi operativi, testimonianze, documenti. Ed è giunto a una conclusione che si può anche accettare: se Hitler fosse andato a sud si sarebbe impadronito del Nord Africa e di gran parte, del Medio Oriente, stabilendo un contatto col Giappone e minacciando i centri vitali dell'Urss. Ma poi? È sul «poi» che Montelatici si arena, anche se, da vero studioso, è conscio delle insidie dei «se», soprattutto quando sono costruiti su altri «se». Ma la stessa materia lo spinge sul terreno infido, e quel che rimane, alla fine, è il piacere -per chi lo prova - di aver fantasticato per qualche ora con intelligenza e competenza".

3. "Aeronautica&Difesa"- Ottobre 2001

"Il tema della sconfitta italiana nella Seconda Guerra Mondiale ha sollecitato in più occasioni l'attenzione di Piero Baroni, inviato speciale e scrittore con una particolare vocazione per i temi riguardanti la difesa. Questo Generali nella polvere era già stato pubblicato nel 1989, per i tipi dell'editore Reverdito, ed appare ora in questa nuova edizione. Il tema è spiegato nel sottotitolo: Perché abbiamo perduto in Africa Settentrionale (giugno 1940 - febbraio 1941), una domanda che sono stati in molti a porsi, visto che al momento dell'entrata in guerra nel secondo conflitto mondiale le forze italiane in Libia avevano la superiorità numerica e tecnica.

In effetti, il Commonwealth schierava circa 36.000 soldati ma riuscì a sconfiggere le forze italiane che ne avevano 200.000. Evidentemente, Piero Baroni (autore, tra l'altro, di La fabbrica della sconfitta e Una patria venduta) rifiuta la tesi degli armamenti italiani inferiori e sostiene, senza mezzi termini, che tra la fine del 1940 e i primi due mesi del 1941 la 10ª Armata italiana barcollò sotto i colpi delle unità del British Army, numericamente molto meno forti.

L'autore identifica come causa della sconfitta la cattiva gestione delle operazioni da parte dello Stato Maggiore italiano e ritiene che l'andamento iniziale della campagna in Africa Settentrionale abbia influenzato pesantemente in senso negativo anche le operazioni successive.

In questo volume in brossura, tutto testo (65° titolo della collana Saggi delle Edizioni Settimo Sigillo), Baroni rileva come non sia stato facile trovare adeguata documentazione su questa prima fase della campagna in A.S. Sulle sue analisi si può essere d'accordo o meno, come sempre quando si analizzano fatti così importanti e controversi, ma la lettura è certamente interessante e stimolante. Il volume può essere reperito nelle librerie".

V. " NATO: il futuro"
Ed. Ciarrapico, 1990

1. "Il Quadrante" – Anno XXVI, N. 7-8, 1 Luglio- 31 Agosto 1991

"Il futuro della NATO" - di CESARE FALESSI

Piero Baroni è alla RAI/TV'da dieci anni ed ha fatto l'inviato un po' da tutti i punti «caldi» del globo. Dal Libano come dalla Romania durante la rivoluzione anti-Ceausescu, dalla Germania orientale durante l'abbattimento del muro di Berlino alle regioni del Golfo, in questo ambiente, ma prima che scoppiasse il conflitto contro l'Iraq, è maturata l'idea di affrontare quello che è forse il problema più delicato del nuovo modello di difesa: il futuro della NATO, frase che ha dato il titolo al volume (*).

Durante una presentazione avvenuta a Roma negli ultimi giorni di giugno, presentazione alla quale hanno partecipato ufficiali, rappresentanti dell'industria della difesa e giornalisti specializzati, il tema è stato ripreso con interesse. Perché una cosa è certa: il nuovo modello di difesa, quale esso sia, non potrà non tener conto dell'alleanza atlantica.

Tesi fondamentale del libro è che, nonostante i rivolgimenti avvenuti nel mondo, e forse proprio a causa di questi rivolgimenti, il futuro della NATO appare incerto e non ben chiarito. O meglio, fino a qualche mese fa appariva in questa luce. Oggi i fatti più recenti, dalla guerra nel Golfo alle tensioni che si verificano in Jugoslavia, ripropongono come attuale uno strumento squisitamente difensivo che ha avuto il merito di dare coesione e fermezza all'Occidente. Con una differenza, e ci sembra che questo sia il punto cruciale della trattazione, che non soltanto riflette le idee dell'autore, ma anche quelle delle personalità politiche e militari di cui cita il giudizio. La differenza è questa: che mentre fino ad oggi la NATO è stata sempre considerata uno strumento eminentemente difensivo, una «cintura di sicurezza» contro possibili avventurismi extra-occidentali, d'ora in avanti si impone una «proiezione» della NATO all'esterno. L'esempio più idoneo è sotto gli occhi di tutti: quello che è stato fatto in occasione della crisi del Golfo. Crisi che indubbiamente metteva in pericolo la sicurezza e la stessa economia dei paesi occidentali, ma che la NATO non ha saputo gestire, lasciando che fossero principalmente gli americani, alla guida di una coalizione formata da altri ventisette paesi, a stornare l'incombente minaccia.

Che senso ha parlare di Europa unita politicamente se poi questa nuova Europa è priva di difesa coordinata? È priva soprattutto della capacità di intervenire laddove i suoi interessi siano minacciati. Se si vuole veramente collocare come terza (o seconda forza mondiale), l'Europa deve gestire la sua partecipazione alla NATO in maniera assai diversa da quella attuale e, semmai, solo in un secondo momento potrà rimettere in discussione la validità dell'alleanza.

Nel libro, anche se non appare in modo esplicito, figurano tre grandi imputati italiani: l'opinione pubblica; la classe politica; le forze armate. L'opinione pubblica ha avuto ed ha tuttora il torto di disinteressarsi di un discorso chiaro e aperto sul problema della difesa: è sicuramente un fatto culturale, in quanto il problema c'è e non può non essere riconosciuto. Forse manca un dibattito allargato, preferendo che di questo argomento trattino poche persone; il libro di Baroni è comunque un tentativo di allargare proprio questo dibattito.

Alla classe politica, a cui pur, secondo l'autore, non mancano i mezzi di conoscenza, sembra quasi che il dibattito sulla difesa importi poco; che sia, cioè, un problema marginale. C'è anche il sospetto, aggiungiamo noi, che lo si voglia rimandare per semplificare la manovra economica.

Le forze armate, che abbiamo definito uno dei maggiori imputati, sono forse le meno responsabili, dovendo rimettersi alle decisioni della classe politica; se queste decisioni non ci sono ancora, o sono fuorviane, non è colpa dei militari. Sta di fatto che il nuovo modello di difesa è per il momento solo un argomento di conversazione.

Quanto avviene nel mondo, sostiene invece Baroni, impone decisioni rapide sulla materia.

Le tesi del libro sono autorevolmente appoggiate da un certo numero di interviste a personaggi di rilievo: come il generale John Galvin, comandante delle forze alleate in seno alla NATO; l'ammiraglio Jonathan Howe, comandante dello schieramento nell'Europa meridionale; o come il generale Domenico Corcione, Capo di Stato Maggiore della Difesa italiana. Una brillante analisi di William Taft, quarto Segretario Generale dell'alleanza, una dichiarazione del generale Riccardo Bisognero, interventi di uomini politici nostrani: tutto ciò rafforza le tesi dell'autore e fa del libro una trattazione di grande e delicata attualità.

Aggiungiamo anche gli interventi, in sede di presentazione del volume, di uno scrittore e analista navale assai noto, Giorgio Giorgerini, che ha parlato senza mezzi termini di mentalità superate; e del giornalista Giovanni Lazzari, direttore di RID, la Rivista Italiana della Difesa, che ha lamentato la carenza di una cultura della difesa che impedisce l'allargamento del dibattito auspicato da Baroni che nel futuro della NATO crede, e si augura che si prospetti limpido e fermo, come del resto, è nell'augurio generale".

VI. "LA FABBRICA DELLA SCONFITTA"
Ed. Settimo Sigillo, 1997

1. "Il Giornale" – Martedi 30 Dicembre 1997

"I perché delle nostre disfatte militari. La fabbrica delle sconfitte"

"I carri armati e corazzati furono i grandi protagonisti della Seconda guerra mondiale, e naturalmente anche la maggior causa della sconfitta italiana. Erano apparsi sulla scena bellica già nel precedente conflitto, ma fu solo negli anni Venti e Trenta che conquistarono il cuore e l'intelletto degli Stati Maggiori europei: francese, inglese, tedesco, russo, ma non italiano. Riluttante quest'ultimo ad apprendere la lezione che ci veniva oltre tutto da due libri di successo: "Vers l'Armée de métier "(1934) dell'allora sconosciuto maggiore De Gaulle e Achtung Panzer (1936) del generale Guderian, il teoreta della guerra lampo, del Blitz Krieg. Caparbiamente avverso Badoglio, aggrappato come un mulo alla guerra tradizionale dei muli, dei fucili e dei cannoni: si vantò in una conferenza ufficiale (primavera 1940) di aver fatto risparmiare soldi all'erario bocciando la fabbricazione dei carri armati pesanti.

La guerra di Spagna fu una specie di salone espositivo degli armamenti. I russi vi mostrarono il T-26B, di nove tonnellate e mezzo con un cannone da 45 mm. il Bt 5, di undici tonnellate e mezzo con maggiore corazza protettiva e più veloce, 52 km rispetto ai 28 dell'altro. Uno di questi carri, catturato dai legionari italiani, fu spedito a Roma per essere studiato dai tecnici del ministero della Guerra, ma inutilmente. Di produzione germanica apparvero i modelli 4, versione A e B, di oltre 17 tonnellate con cannone da 75 mm. Queste e altre notizie il lettore trova nel recentissimo libro che Piero Baroni ha scritto per le edizioni del Settimo Sigillo: La fabbrica della sconfitta. A determinare la quale concorsero, in Italia, con uguale consapevolezza lo Stato Maggiore e l'industria pesante.

Accusa l'autore che, alla vigilia della guerra, mancavano all'Esercito autoblindo moderne, carri medi ben armati e veloci, con rapidità di movimento anche in terreni misti, autocarri armati per trasporto truppe, cannoni controcarri semoventi, apparati radio da installare sui mezzi corazzati. Quando a maggio-giugno 1940 fu consegnato dalle fabbriche Ansaldo e Fiat, dopo cinque anni dall'ordinativo, il famoso carro medio, l'M39, di undici tonnellate, risultò insufficiente, perché armato con un cannone in casamatta da 37/40mm e una velocità teorica di 32 km su strada e 15 su terreno vario".

Eppure c'era stato chi aveva suonato a palazzo Baracchini - sede dello Stato Maggiore dell'Esercito - la campanella d'allarme. Ne fa cenno una proposta per la formazione di divisioni corazzate. L'organico teorico: quattro battaglioni di carri M, cioè medi, un battaglione di carri P, cioè pesanti, un nucleo esplorante articolato su autoblindo e cannoni semoventi, tre gruppi di artiglieria autotrainata (cannoni da 100 e 75 mm), genio, supporti ecc., si presume anche comunicazioni radio. Nessun cenno invece al collegamento coll'aviazione, il cui appoggio ravvicinato un documento del lontano 1925 riteneva indispensabile attraverso mitragliamenti, spezzona menti e bombardamenti. Una siffatta miscela di fattori risultò nella primavera '40 il fulcro essenziale della guerra lampo tedesca, il Blitz Krieg concepito dall'intelligenza strategica del generale Guderian.

Nel libro di Baroni i capi d'imputazione sono molti. Sul tema scottante delle materie prime, è stata per decenni costruita una falsa immagine di una nazione di straccioni, di fanti con il fucile '91 e le scarpe di cartone. Obietta Baroni, chiamando in causa Fabbriguerra, cioè Favagrossa, che dopo l'8 settembre i tedeschi trovarono scorte italiane di molibdeno maggiori di quelle europee messe tutte assieme. Anche le giacenze di rame e di altri metani strategici smentivano la carenza denunciata dallo Stato Maggiore e dalle industrie per giustificare l'arresto di produzione di armi e munizioni.

Questa e parecchie altre *verità* potrebbero risultare se, finalménte e seriamente, si facesse un'inchiesta ufficiale sulla guerra perduta.

Un ultimo episodio, a chiusura di questo amaro squarcio retrospettivo sulla guerra perduta. «Quando 72 carri M11 vennero sbarcati a Bengasi nel luglio 1940, unitamente ai rimorchi per il loro trasporto su strada ordinaria, ci si rese conto che essi avevano una portata inferiore al tonnellaggio dei carri. Appena caricati, la maggior parte dei rimorchi si afflosciò, come un castello di carta, tra lo stupore degli ufficiali e l'ilarità spontanea dei militari di truppa e libici».

VII. "UNA PATRIA VENDUTA"
Ed. Settimo Sigillo, 1999

1. "Aeronautica & Difesa" Febbraio 2000

In questo saggio tascabile il giornalista Piero Baroni, autore di numerosi libri e servizi radiotelevisivi di "giornalismo investigativo", sottotitola "Come tradimenti e congiure hanno portato alla disfatta dell'8 settembre". Come dice nell'ultima di copertina, le vicende legate all'armistizio, alla sconfitta ed al trattato di pace non sono ancora tutte acclarate. In effetti, chi ha vissuto la Seconda Guerra Mondiale la ricorda come un fatto d'arme di dimensioni immani, non privo, però, di momenti eroici o esaltanti. Diversa, invece, è l'impressione che ne ha riportato chi all'epoca era troppo giovane per parteciparvi in prima persona ma ne fu ugualmente coinvolto, subendone i disagi e comprendendone gli orrori.

In gran parte dei giovani di allora, l'idea del conflitto è accompagnata alla sensazione di qualcosa che si doveva evitare e che non doveva finire così. L'Italia, trascinata in guerra per assecondare le ansie di protagonismo del regime, nell'estate 1943 giunse al collasso e, come avvenne per molti altri paesi alleati o succubi della Germania, si spezzò in due. Una parte rimase fedele all'alleato, mentre l'altra firmò un armistizio con gli anglo-americani e prese a combattere contro i tedeschi e contro gli altri italiani che continuavano a stare dalla loro parte.

Baroni interpreta ed esprime questa amarezza, narrando alcuni episodi dei sabotaggi che contribuirono alla sconfitta italiana (che, per la verità, sarebbe venuta inesorabilmente anche senza sabotaggi, riteniamo noi, come venne per Germania e Giappone), commentando alcuni gravi errori strategici e insistendo sulle clausole più vessatorie dell'armistizio.

Una lettura interessante ad un costo accessibile.

VIII. "IL SEGRETO DEL PELLICANO BLU"
Ed. Settimo Sigillo, 2000

1. "Aeronautica&Difesa"- Luglio 2000

"Piero Baroni, inviato speciale del Giornale Radio RAI, è autore di molti saggi, con un particolare interesse per gli argomenti militari. Ha pubblicato nel 1997 La fabbrica della sconfitta e nel 1999 "Una patria venduta", mentre nel 1986 aveva scritto per l'editore Ciarrapico il saggio La guerra psicologica. Ritorna ora con un romanzo nel quale si trovano molti dei temi che gli sono cari, come quello della guerra psicologica. "Il segreto del Pellicano Blu", nella collana Mythos, è un romanzo costruito attorno ad una pagina oscura della storia più recente mentre sta per spegnersi la Guerra Fredda e l'impero sovietico è ormai in agonia. L'intreccio è "fiction" ma richiama molti saggi di spionaggio ed è scritto in stile giornalistico, forse il più adatto ad affrontare il mondo ambiguo e sfuggente dell'intelligence" e della diplomazia segreta. La guerra dei cifrari e la disinformazione fanno da sfondo ad uno scenario fatto di doppio gioco, di simulazioni e di inganni. Leggendo questo romanzo si ha l'impressione che l'autore voglia aver costruito una vicenda di fantasia per avere più libertà d'azione nel parlare di fatti reali. La veste del volume è poco appariscente ed è quella tipica della narrativa, senza illustrazioni; degno di nota un breve capitolo in cui sono passati in rassegna i personaggi principali, molto utile per chi legge il libro in tempi lunghi, rischiando di dimenticare continuamente i nomi dei protagonisti.
Come diceva un collega, con tutti i suoi mali la Guerra Fredda è stata un periodo avvincente che oggi non c'è più: da ora in poi i romanzi come quello di Piero Baroni potranno solo essere ambientati nel passato".

IX. "CLANDESTINO IN RAI"
Ed. Settimo Sigillo, 2003

1. "LIBERO" - Domenica, 31 Agosto 2003
Libro- Denuncia- - "Discriminati i giornalisti senza tessera"

ROMA - [mar.fer.] Le emarginazioni in Rai non sono una novità. Piero Baroni ci ha persino realizzato un ponderoso tomo di ben 606 pagine, appena uscito per Settimo Sigillo. ' Clandestino in Rai" racconta le condizioni di un «giornalista senza doc», ovvero senza «denominazione di origine controllata» in un ambiente in cui a un nuovo redattore si fa una sola domanda: «Di che partito sei? Volevano riconoscere la mia targa. Rimasero delusi». Per essere "ghettizzati" nella Rai dei decenni scorsi non serviva essere di destra, bastava non schierarsi con i partiti dell'arco costituzionale. Con la libertà concessagli dall'essere andato in pensione, Baroni fa nomi e cognomi dei suoi colleghi rivelando parecchi aneddoti curiosi: memorabile il ritratto di Lilli Gruber agli esordi, opposta alla

leonessa che oggi appare in video. Ma forse, più che da ragioni politiche, le emarginazioni in Rai sono dettate da incapacità professionale. Un giorno Baroni riesce a salire, unico giornalista, su una vedetta della Guardia di Finanza che sta scortando una nave stracolma di clandestini in arrivo sulle nostre coste. Chiama in redazione per avverti re dello scoop. La risposta? «Ma sull'Ansa non c'è scritto niente».

2. "Aeronautica&Difesa" Agosto 2003

"Piero Baroni, che di se stesso dà una biografia colorita ed avventurosa sulla copertina del suo ultimo libro, è un giornalista che sino al settembre 2001 è stato inviato speciale della RAI.
Proprio il suo rapporto con l'ente radiotelevisivo di stato, è lo spunto per questo libro nel quale troviamo non pochi riferimenti alla difesa italiana.

Nell'ultima di copertina se ne citano alcuni: Conflitti e Rivoluzione (Golfo, Kurdistan, Somalia, Romania, Albania, Kosovo, i "gialli" di Aviano...); Armi; Spionaggio; Craxi contro l'Esercito; l'Operazione "Pellicano" al Comando del Generale Antonio Quintana; La Ritorsione Pianificata dell'Ammiraglio Guido Venturoni contro Gheddafi, dopo il lancio dei missili su Lampedusa ed altro ancora. Baroni, che si definisce "giornalista senza d.o.c.", ha un modo di scrivere irruente, come la sua personalità, che lo ha visto viaggiare per mezzo mondo con gli incarichi più disparati.

Il testo e comunque molto interessante in quanto ha ben oltre 150 pagine di appendici nelle quali si riportano articoli di stampa e note ufficiali su diversi argomenti, ma in gran parte relativi proprio alla difesa; questi documenti riguardano aspetti tecnici ma anche e soprattutto polemici visto che nella difesa italiana, come del resto in qualsiasi aspetto della vita del nostro Paese, non mancano i retroscena.

L'autore tra il 1980 ed oggi ha scritto svariati articoli per importanti editori nazionali, ha scritto su diversi periodici specializzati ed ha svolto "reportages" filmati per gli stati maggiori della Marina e dell'Esercito e per la RAI.

Il libro si trova nelle più fornite librerie ma i lettori che non lo trovassero possono richiederlo a Edizioni Settimo Sigillo, Libreria Europa Editrice Sas." (N.S.)

3. "La Sicilia"
"Informazione politica e censure"
– di SERGIO SCIACCA

Avete avuto sempre il sospetto che l'informazione Rai sia un interminabile carosello di verità apparenti e di sostanziale propaganda? Che l'avvilimento del Paese a base di veline, canterini, masse popolari in attesa di vacanze e del superlotto sia dovuto principalmente all'insegnamento dei telegiornali basati sulla quotidiana polpetta spacciata come essenza di vita? Ecco il libro che fa per voi. Non un libretto (oltre seicento pagine scritte fitte, con aggiunta di documenti dello Stato Maggiore dell'Esercito, di interviste originali assolutamente fuori dal coro, di ricordi personali di qua e di là del mare) ma una solida requisitoria. Scritto da un giornalista che ha lavorato per decenni in Rai e ha visto sul nascere le folgoranti carriere della Consorteria di giornalisti donne, fortemente impegnate ad ampliare le sfere di influenza e il controllo del territorio>. Testimone in prima persona dei fattacci dell'Achille Lauro e della Somalia, Piero Baroni in <Clandestino in Rai. Giornalista Senza d.o.c., (edizioni Settimo Sigillo, Roma, 2003; 606 pagg., 38 euro) racconta senza finzioni e superiori censure (<Al Gr1 vigeva un ordine perfetto. Gerarchia ferrea, controlli accuratissimi, filtri spietati...>), con coraggiosa fermezza contro la marmaglia: <zelanti, ottusi, opportunisti, prezzolati lacchè, incaricati di mistificare la realtà e di fabbricare notiziari ad usum delphini...>.
Ci sono scorci di cronaca importanti per chi vuole rendersi conto del mondo in cui viviamo (un poi di panem e tanti circenses), ma anche per gli storici, come quando racconta della decisione di fare partire Abu Abbas, noto terrorista responsabile di efferati delitti, <con un aereo di linea, indossando la divisa di uno steward>. Decisione dell'allora governo (c'erano di mezzo ministri e ambasciatori italiani, prefetti e consiglieri), ma soprattutto spericolata manovra di imbonimento per il popolo ritenuto eternamente stupido e incapace di capire. Dettagli duri sulla diffusione dell'Aids (altro che concerti

For Africa), incontri con gli apparatniki ("Condoglianze di maniera, frettolose e distratte, cordoglio artefatto, manifestato a beneficio delle telecamere..."), parole dure contro un modo di operare nell'informazione che sembra il servilismo d'obbligo sotto una dittatura: <personaggi viscidi, voltagabbana, delatori, saltimbanchi, nullafacenti, doppiogiochisti...>. E riporta nomi e cognomi, di quelli che furono e di quelli che sono tuttavia, salvo qualche salutare sberleffo da parte di Striscia la Notizia.

Insomma un libro denso di cose e di persone, dal contenuto acido e dalla tonalità indignata che diventa elegia nel ricordo degli amici veri, come quello a quattro zampe, affettuosa presenza anche dopo la dipartita <per gli azzurri spazi dell'eternità>.

4. "Il Gazzettino (Edizione del Friuli)"

"Di Rosa. Le verità del Generale Canino
In un libro del giornalista televisivo Piero Baroni nuovi aspetti sulla vicenda di «Lady Golpe»"

"Giornalista senza d.o.c. - Clandestino in RAI", un libro che uscirà domani e pubblicato dalle edizioni Settimo Sigillo di Roma. La RAI visto dall'interno. Senza filtri, senza censure, senza sudditanze. Un reportage scritto da un inviato speciale del Giornale radio, il GR RAI. La radiografia dell'informazione del "servizio pubblico" vista da chi nè e stato protagonista sul fronte della cronaca interna e internazionale: rivoluzioni, guerre, traffico di armi e di stupefacenti, falsari, immigrazione clandestina, criminalità organizzata, prostituzione, riciclaggio, terremoti, alluvioni.
Il racconto di quattro o più lustri in cui l'autore, Piero Baroni, traccia il profilo e la dimensione della lottizzazione, in cui egli afferma, si intersecano protervia, immigrazioni e discriminazioni, dove agiscono la censura preventiva, la manipolazione, la mistificazione. Nel contempo, una testimonianza dal vivo dei retroscena, di quello che

non potè essere trasmesso e portato a conoscenza della pubblica opinione.

Per gentile concessione delle edizioni Settimo sigillo possiamo anticipare uno degli argomenti chiave del libro di Baroni. Un lavoro ricco di episodi, di aneddoti, di situazioni paradossali e grottesche, di rivelazioni, con un ampio ventaglio di personaggi visti senza il filtro del "palcoscenico", con le testimonianze di alti ufficiali, in ruoli chiave della sicurezza e degli avvenimenti che caratterizzarono uno tra i periodi più convulsi del secolo scorso e condizionano tuttora gli accadimenti: il generale Luigi Federici, ex comandante dell'Arma dei Carabinieri (ora residente a Udine). Ammiraglio Guido Venturoni, ex Capo di Stato Maggiore della Difesa ed ex Presidente del Consiglio militare della Nato, il generale Antonio Quintana, Comandante dell'operazione Pellicano in Albania.

Il generale Goffredo Canino, "vittima illustre" a suo tempo delle cosiddette "rivelazioni" di Lady Golpe, al secolo Donatella Di Rosa, da molto tempo risiede a Parigi con la moglie Monique. Dopo dieci anni di silenzio, scanditi dai continui successi nelle azioni legali e giudiziarie intraprese a tutela della sua onorabilità (sentenze- osserva l'alto ufficiale-ignorate dai mezzi d'informazione), ha concesso all'autore del libro un'ampia intervista sull'intera vicenda, una intervista che contiene autentici colpi di scena, apre scenari sino ad ora sconosciuti e indica quelli che secondo lui sono i responsabili, gli strumenti, i metodi, il movente, gli obbiettivi delle manovre intese a "farlo fuori".

Come si ricorderà, Canino, allora capo di Stato Maggiore dell'Esercito, fu costretto a dimettersi a causa delle accuse sollevate dalla Di Rosa. Le sue parole oggi sono quindi di grande interesse. Ne pubblichiamo alcuni stralci tratti dal libro di Baroni. Per consentirne la comprensione anche a chi allora, dieci anni fa, non avesse seguito il caso, ricordiamo che il generale Franco Monticone, già Commandante della brigata Folgare, fu chiamato in causa dalla Di Rosa, per presunti progetti eversivi e traffico d'armi e accusato di alto tradimento. La Di Rosa, per qualche anno sua amante, si era presentata a lui con la falsa identità: Lucchini, lasciando presumere parentele con la famiglia d'industriali Bresciani; era invece moglie del tenente colonnello Aldo Michitta.

"Finita la conferenze(e il generale Canino che parla, n.d.r.) sono rientrato in ufficio e verso le quattro è venuto Monticone. Cosi entriamo nel "caso Monticone". Giugno 1992. Arriva nel mio ufficio".

- Vuoi un caffè?

- Nossignore.

- Che ti succede "Monti"? c'è qualche problema? Con me puoi parlare, come un fratello maggiore (Canino era già generale di divisione, n.d.r.).

 E lui mi dice tranquillamente:

- Signor generale, mi sono innamorato.

- Ah...ti sei innamorato. Capita, capita.

Così entro per la prima volta nel "caso Monticone".

- Chi è questa donna? Come si chiama? (Monticone era sposato e aveva due figli,n.d.a.).

- Cristina Lucchini.

- Cristina Lucchini? Cristina Lucchini? Ma è parente, per caso, dei Lucchini di Brescia?

- Si è parente dei Lucchini.

- Ho capito. Cosa vuoi che ti dica? Sai, sono problemi strettamente personali. Una cosa però ti dico, caro "" Monti": tu sei sposato, hai una moglie, hai dei figli. Nell'ambito del nostro ambiente entro certi limiti puoi anche essere innamorato, ma se vai oltre...".

- Da mia moglie mi sono già separato...

- Ti sei separato da tua moglie?!

- Di fatto, non vivo più a casa mia.

- Ah... ma...Che intenzioni hai?

- Signor generale, ho incontrato la donna della mia vita".

***

(Nell'intervista a Baroni, il generale Canino così prosegue):
" Intanto la Donatella di Rosa- ormai passata in pianta organica al Messaggero Veneto- il cui proprietario di allora, dottor Melzi, sembrava avere una certa simpatia per la Lega Nord, proseguiva la sua allucinante campagna diffamatoria nei miei confronti attraverso i media, mettendo insieme tutte le cose che ormai erano venute fuori, dal mafioso di Altoforte, al golpista in combutta con i terroristi di destra addirittura redivivi, al trafficante di armi e chi più ne ha più ne metta".

" In questo periodo la Di Rosa, infatti, aveva scritto un memoriale olografo, consegnato al Procuratore Vigna, nel quale denunciava un tentativo di colpo di Stato che sarebbe dovuto avvenire nella primavera del 1994 da parte di un gruppo di ufficiali che ruotavano, secondo lei intorno al generale Monticone (in realtà erano solo degli ignari commilitoni di Monticone durante il corso presso il Centro alti studi della difesa)".

"Per dare più credibilità a questa storia fantastica, nello stesso memoriale indicava nell'ordine, come referenti di vertice per questo colpo di Stato, il generale Franco Angioni, il generale Goffredo Canino, capo di stato maggiore dell'Esercito e, udite, udite, l'onorevole Leoluca Orlando. Ecco il salto di qualità: io e il generale Angioni, che un anno prima eravamo solo persone da non udire, in quanto supposti amici di Monticone, eravamo ora persone da coinvolgere".

" Era iniziativa della signora Di Rosa, o la stessa era stata ormai reclutata contro di me?".

"Ritengo che non si sia trattato di un complotto nei miei confronti, ma piuttosto della convergenza degli interessi di singole parti ... A mio avviso si identificano con alcuni rappresentanti dell'arma dei Carabinieri, che avevano cominciato a considerarmi nemico per il mio atteggiamento negativo al riguardo dell'aspirazione dell'Arma a uscire dall'Esercito...Un peso determinante lo ha avuto la Lega Nord ... Da parte di Bossi e della Lega in generale fu chiesta al Presidente della Repubblica Oscar Luigi Scalfaro la mia testa...per effetto di una potenziale pressione da parte della Lega Nord che magari minacciava di far mancare la maggioranza al governo tecnico in carica..."

(...)

La lettura del documento del Tribunale militare di Roma (del 16 gennaio 1995), riportato integralmente in appendice al libro, è quanto mai illuminante. Avrebbe meritato e ancora merita un'attenzione maggiore. Al di là della questione Donatella Di Rosa \Monticone e annessi, vi sono affermazioni di decisiva importanza chiarificatrice, con riferimento alla "posizione" del generale Goffredo Canino. Affermazioni che avrebbero meritato e meritano, si ripete, una doverosa sottolineatura proporzionale alle accuse *e* ai giudizi   espressi in precedenza, sulla base d'illazioni e di calunnie.

A pagina 6 del documento si legge; «Particolarmente significativo è risultato l'esame del tenente Matonti Giovanni, intimo collaboratore del generale Monticone, il quale ha potuto ricostruire in maniera attendibile l'acquisto dell'orologio Longines che la Di Rosa ha dichiarato esserle stato regalato dal generale Canino, capo di stato maggiore dell'esercito all' epoca dei fatti, orologio, in realtà, lasciato nella disponibilità della donna dallo stesso Monticone (cfr. allegati al verbale di assunzione di informazioni in data 28.10.1993) Inequivocabili e concordanti elementi documentali a conferma della assoluta falsità della versione resa in proposto) dalla Di Rosa *sono* starti forniti dallo stesso generale Canino, dallo Stato maggiore dell'Esercito e dal difensore del generale Monticone".
La lettura del documento è quanto mai utile al fine di avere un quadro esaustivo della personalità della donna. Di indiscutibile interesse le considerazioni finali del documento. Ad esempio: " Il preteso complotto contro le istituzioni dello Stato si è rivelato del tutto inesistente: «del tutto privo di riscontro è risultato l'incontro al quale avrebbe preso parte il generale Canino, mentre lo specifico episodio del regalo dell'orologio ha costituito l' ennesima prova dell'incoerenza e contraddittorietà delle dichiarazioni della Di Rosa».

Circa il profilo psicologico della donna, il documento del Tribunale rileva la «propensione al mendacio manifestata dalla Di Rosa (che si presentava con nomi diversi e millantava parentele con un importante industriale di Brescia), segnatamente allorché si è spinta a negare, contro ogni evidenza documentale, che la sua frequentazione *con* il Monticone era arrivata al punto di condividere più volte, in vari alberghi, la medesima stanza».

X. 8 SETTEMBRE 1943: IL TRADIMENTO!
Edizioni Greco & Greco, Milano, 2006

1. Rivista della Cooperazione Giuridica Internazionale"- Anno IX-N.25- Gennaio-Aprile 2007- di C. Montani

"Il libro non è un testo storico in senso stretto, ma si avvale di una ricca documentazione talvolta originale e sempre pertinente, con un linguaggio scorrevole ed uno stile semplice che ne facilita l'approccio anche da parte dei non addetti ai lavori. Proprio per questo il volume si legge con crescente interesse e, vorremmo dire, con partecipazione spesso coinvolgente: del resto, la storia dell'otto settembre è sempre attuale, perché l'Italia di oggi non ha ancora rimosso, né avrebbe potuto essere diversamente, gli effetti del tragico evento che incideranno ancora a lungo nelle coscienze, grazie allo stravolgimento dei valori fondamentali derivatone in una parte maggioritaria del Popolo italiano.

Soprattutto, è un'opera che fa pensare, al di là della pur precisa e dettagliata ricostruzione dei fatti e delle loro motivazioni: il tradimento non fu solo di Badoglio e dei suoi collaboratori, ma ebbe ricorrenti e diffuse anticipazioni nella connivenza col nemico da parte di alti Comandi dell'Esercito, della Marina e dell'Aeronautica, in qualche caso addirittura precedente lo scoppio della seconda guerra mondiale. La conclusione del Baroni è particolarmente triste: a determinare le sorti del conflitto non furono le conclamate impreparazioni militari, né tanto meno la codardia del Soldato italiano, che anzi seppe battersi con indomito coraggio e con straordinario valore in tante occasioni e su tutti i fronti; furono, invece, quei comportamenti criminali, estesi alle forniture belliche, spesso opinabili se non addirittura inutili o dannose ed avallate dai suddetti Comandi, a rovesciare le sorti a favore degli Alleati.

L'otto settembre fu la logica conclusione di una prassi che avrebbe dovuto, già da tempo, portare i responsabili dell'alto tradimento davanti al Tribunale militare e che invece si tradusse, a guerra finita, nell'elargizione gratuita di onori e di ulteriori prebende. Tuttavia, i fatti restano quelli ormai noti e documentati anche in questo libro ad uso prioritario degli ignari, ma anche di tutti coloro che vorranno compiacersi di ricordare, e come si diceva prima, di meditare.

E noto che il voltafaccia di Badoglio non giunse inaspettato ai Comandi tedeschi, che si erano già organizzati per fronteggiare il probabile armistizio italiano, ma non sempre si rammenta che dopo il tre settembre, data effettiva della firma, Vittorio Emanuele III di Savoia, in un colloquio con l'Ambasciatore tedesco, ebbe a ribadire la fedeltà all'alleanza e la volontà di continuare la guerra! Ecco perché la costituzione della RSI, con buona pace della vulgata storica prevalente, fu motivata dalla volontà di salvare almeno l'onore, ma prima ancora, dall'intento (ormai diffusamente riconosciuto) di riservare all'Italia occupata dalle forze germaniche una sorte meno drammatica di quella che le sarebbe certamente toccata nel caso contrario. Eppure, chi ha combattuto nella RSI continua ad essere discriminato anche sul piano giuridico! Spingendo l'assunto alle conseguenze estreme, si potrebbe dire che, in certi casi, l'abbandono dell'alleato costituisce una concessione inderogabile alla ragion di Stato che Giovanni Boterò ebbe a teorizzare sin dal Seicento come "eccesso del giure per fine di pubblica utilità", ma è altrettanto ovvio che, anche in questa fattispecie, non si può prescindere dal buon senso e, se così può dirsi, dalla diligenza del buon padre di famiglia. Nel caso dell'otto settembre, il massimo dell'abiezione non sta tanto nell'avere "tradito" l'alleato tedesco, che una ventina di mesi più tardi avrebbe reso pan per focaccia, quanto nell'avere abbandonato l'Italia alla merce degli eventi, senz'altra preoccupazione che quella del tornaconto personale: a ben vedere, la responsabilità morale dell'eccidio di Cefalonia, e delle tante vicende analoghe, deve farsi ricadere proprio su chi non si fece premura di impartire ordini qualsivoglia, tanto più necessari in un'ora così tragica.

La storia, naturalmente, non si fa con i se e con i ma, cosa di cui l'Autore è ben consapevole, ma la richiesta di disimpegno, nonostante la permanente competitività delle Forze Armate italiane (che gli Alleati ben conoscevano ed apprezzavano), quand'anche fosse stata ritenuta indispensabile per sopravvenute mutazioni dell'ordine politico, avrebbe potuto essere oggetto, a più forte ragione, di una consapevole e ferma trattativa, cosa che non avvenne e che forse non fu nemmeno presa in considerazione. Non ebbe certamente torto il Gen. *Eisenhower*, Comandante in capo degli eserciti anglo-americani, quando disse che quello di Cassibile era stato "uno sporco affare" rifiutandosi persino di firmare il cosiddetto documento "corto" ed affidandone il compito a Bedell Smith: giustamente, visto il suo comportamento, all'Italia fu imposta la resa senza condizioni, che poi si sarebbe tradotta nelle ulteriori imposizioni dell'armistizio "lungo". Non c'è che dire: l'otto settembre fu il momento più squallido della nostra storia unitaria, a distanza siderale da quel sole di Vittorio Veneto, che pure lo aveva preceduto di appena 25 anni!

Tutto ciò è ben presente nella documentazione proposta dall'Autore, con tanto di nomi e cognomi dei traditori, da additare tuttora quali responsabili di un disastro annunciato, e di interessate viltà, tenuto conto che non avevano sollevato la più piccola obiezione, se non altro nei nove lunghi mesi di non belligeranza, prima della dichiarazione di guerra. Certo, l'Italia non ne esce bene, fatta eccezione per i giovani che scelsero l'impegno dell'onore e non si accucciarono nel pavido attendismo della stragrande maggioranza, ma la maturazione delle coscienze e la consapevolezza delle responsabilità implicano un esame per quanto possibile oggettivo e spregiudicato della realtà, lungi dalle troppe interpretazioni di comodo. Se non altro per questo, l'opera di Piero Baroni assume un merito che vale la pena di sottolineare".

2. "Aeronautica&Difesa"- Gennaio 2006

"Conosciamo già Piero Baroni in veste di scrittore per i suoi libri che abbiamo già recensito: Una Patria Venduta (v. Aeronautica & Difesa n. 160), li segreto del Pellicano Blu (v. il n. 165), Generali nella polvere (v. il n. 180); e lo conosciamo anche come giornalista portato alle indagini su argomenti militari.

Come in passato, Baroni pone il suo spirito acuto e la sua "vis polemica" al servizio di uno dei molteplici aspetti della sconfitta italiana nella Seconda Guerra Mondiale, cioè l'armistizio con gli angloamericani del settembre 1943. La tematica che il giornalista affronta è quella della "sconfitta annunciata" in quanto fin dall'entrata in guerra del nostro Paese nelle forze armate vi erano alti ufficiali che "remavano contro".

In effetti, se ci è consentito discostarci dalla recensione vera e propria, non si può dimenticare il fatto che l'entrata in guerra dell'Italia il 10 giugno 1940 contro la Francia e la Gran Bretagna fu una decisione che, al di là della propaganda, non convinse realmente l'opinione pubblica né i militari, in quanto, a parte qualche screzio, i francesi erano "i cugini d'Oltralpe" e gli inglesi, nonostante la contrapposizione lungo il Mar Rosso all'epoca delle operazioni ita-liane nel Corno d'Africa, erano visti con simpatia da buona parte della popolazione (e persino da alcuni dei massimi esponenti del governo).

L'autore del libro descrive la sconfitta italiana come il risultato di veri e propri tradimenti ed elenca una serie di episodi e situazioni che hanno influito in modo sensibile sull'andamento delle operazioni. In ogni caso, anche per chi non condivide le tesi di Baroni, la lettura del libro offre notevoli spunti di interesse.

Il volume può essere richiesto nelle librerie ma chi avesse difficoltà a reperirlo si può rivolgere anche a Greco & Greco Editori, via Verona 10, 20135 Milano." (A.E.C.)

3. "RID- Rivista Italiana Difesa"- N.10, 2006

"Il volume tende a dimostrare come sin dallo scoppio della Seconda Guerra Mondiale, e anche Prima, nelle alte sfere della Regia Marina e della Regia Aeronautica si annidavano i traditori. Lo spunto è dato da un opuscolo edito nel maggio 2003 dalla Rivista Marittima – pubblicazione ufficiale dello Stato Maggiore della MM Italiana -dal titolo "La vittoria in prestito", nel quale si tenta di giustificare e legittimare una certa condotta bellica che vide alcuni esponenti della Marina collaborare con il nemico, tra il 10 giugno 1940 e l'8 settembre 1943. Tutto questo, secondo l'Autore, sfociò nel mancato impegno di tutto il potenziale disponibile e nella consegna della flotta da battaglia senza combattere. In questo studio d'indagine archivistica l'autore analizza l'opuscolo sopra citato e aggiunge documentazioni e citazioni dedicate all'armistizio di Cassibile del 3 settembre 1943, un evento spinoso, tragico e non ancora completamente chiarito. Il testo è scorrevole e ricco di analisi di eventi storici, intrighi, spionaggio, connivenze. Un lungo e paziente lavoro le cui conclusioni e le tesi di fondo non mancheranno di rinfocolare vecchie polemiche." (L.L.)

XI. "Bombardieri Caproni - Le ali della
vittoria"
Settimo Sigillo 2006

1. "QUANDO GLI AVIATORI AMERICANI VENIVANO
A BREVETTARSI IN ITALIA" Marzo 2007

Settimo Sigillo: ma esiste davvero la crisi del libro? Non si direbbe
guardando ai tanti nuovi titoli del catalogo di questo alacre editore
romano che si distingue, non dì rado controcorrente, nel focalizzare
di volta in volta i molteplici itinerari italiani del Novecento; politica,
costume, turbolenze, arte, cinema, conquiste sociali, sconfitte, ed
anche primati universali sommersi sotto la coltre disfattista
dell'oblio. Tra questi primati è quello dell'industria aeronautica
italiana negli anni eroici dei pionieri; alla vigilia e nel corso della
prima guerra mondiale, In tale cornice si inserisce la vigorosa,
documentatissima, monografia di Pietro Baroni che ha per
protagonista ü capitano d'industria e scienziato Gianni Caproni,
Conte di Taliedo (1886-1957) per i velivoli da lui personalmente
progettati e realizzati. Il magnifico libro è arricchito da ben *186*
pagine di allegati, tra cui alcune stimolanti pagine autografe di
Gabriele d'Annunzio. Le avveniristiche macchine volanti di Gianni
Caproni avranno un ruolo di enorme rilievo per la vittoria alleata del
1918. Le armate francesi, inglesi, statunitensi ne riconoscono la
superiorità tecnica, concettuale e funzionale, e fanno a gara
nell'acquistarli per usarli in combattimento.

1912: sono trascorsi appena otto anni dal primo volo umano
(fratelli Whrigt quando Caproni e Dohuet preconizzano un mezzo
aereo con forte autonomia ed enorme capacità di carico; velivolo
pensato come un pezzo di artiglieria pesante per distanze prima
impensabili. Incomprensioni. Scogli finanziari. Il progetto può
realizzarsi soltanto nel 1915. Il suo apporto sarà determinante per la

vittoria alleata, Nuovi orizzonti anche per l'aviazione civile a lungo raggio. Momento magico per la nostra aeronautica, tanto che, allora, i piloti americani venivano ad brevettarsi in Italia. Il libro di Piero Baroni colma una grande lacuna. E' indubbiamente è un testo indispensabile per l'Accademia e le Scuole Aeronautiche, ma è anche di avvincente lettura per tutti".

2. RID- Rivista Italiana Difesa- settembre 2007

"L'autore, giornalista e scrittore, ci offre con questo volume un ritorno ai primordi dell'aviazione, alle sperimentazioni, al superamento di barriere tecnico-scientifiche ancora avvolte dal mistero; un'epoca in cui le intuizioni, la genialità e il coraggio contribuirono alla conquista del cielo. L'ing. Gianni Caproni fu pioniere, scienziato e capitano d'industria, e il libro ne narra la storia personale assieme a quella dei suoi aeroplani. Caproni seppe intuire il ruolo, il compito e le finalità delle macchine volanti nella guerra dell'appena iniziato ventesimo secolo, pur senza dimenticare il contributo che esse avrebbero fornito una volta raggiunta la pace. Durante la Prima Guerra Mondiale gli aeroplani ideati da Caproni ebbero un grande rilievo, tanto che Inglesi, Francesi e Americani ne riconobbero l'originalità, i meriti, la superiorità concettuale e tecnica. Oggi si tende a ridicolizzare i velivoli dell'inizio del secolo scorso dal punto di vista tecnico e operativo, dimenticando troppo rapidamente che l'aviazione era ai suoi albori, e che esisteva una gran quantità di problemi cui dare una risposta con conoscenze e mezzi molto limitati. Caproni seppe offrire soluzioni brillanti e di successo, e il volume ne fa una descrizione dettagliata e compendiata da una mole impressionante di documenti storici inediti.
Un buon lavoro, piacevole alla lettura e con una costante contestualizzazione storica, che rende il giusto omaggio a Gianni Caproni e alle sue macchine". (L.L.)

XII.   "LA GUERRA DEI RADAR.
IL SUICIDIO DELL'ITALIA 1935/1943"
Greco & Greco Editori, Milano, 2007

1. Rivista della Cooperazione Giuridica Internazionale"- Anno
IX-N.25- Gennaio-Aprile 2007

Recensione di G.Pascale

Il testo di Pietro Baroni si pone immediatamente all'attenzione del
lettore per la estrema chiarezza espositiva e per il dettaglio della
ricostruzione storico-scientifica delle vicende che portarono il nostro
Paese ad essere tra i primi, e spesso il primo, a disporre di strumenti
bellici ad alto contenuto tecnologico.

Sin dalle prime pagine del testo si sottolinea, con il piglio
dell'inchiesta giornalistica, la drammatica e paradossale divergenza
tra i progressi tecnologici raggiunto dagli scienziati italiani e
l'inadeguatezza delle gerarchie militari nel percepire l'importanza e il
reale contributo scientifico che le scoperte degli scienziati italiani
avrebbero potuto apportare alla causa bellica.

La drammaticità di tale miopia dei vertici militari italiani
nell'impiego di sistemi e di strumenti tecnologici si fa più aspra
considerando che la seconda guerra mondiale è stato il primo
conflitto tecnologico della storia: la prima guerra mondiale era stata
una guerra di trincea, il secondo conflitto mondiale fu concluso con
l'impiego della bomba atomica, arma nata dalla mente e dalla ricerca
di uomini di scienza, anche e soprattutto italiani (forse solo di nascita
e non di sentimenti).

L'Autore ricostruisce con dovizia di particolari le diverse fasi delle
ricerche scientifiche che portarono l'Italia a possedere strumenti
bellici di gran lunga più innovativi rispetto a quelli utilizzati dalle
forze nemiche, sottolineando in più occasioni la lungimiranza degli

scienziati italiani nell'ipotizzare l'utilizzo dei loro studi per la difesa del Popolo italiano.

La natura innovativa dell'indagine eseguita da Baroni stravolge il punto di vista di molti avvenimenti bellici che devono essere riletti alla luce di quanto messo in evidenza nel testo.

L'Italia dispose di un sofisticato sistema di radar di gran lunga più avanzato ed innovativo rispetto a quello posseduto dai nemici, ma non se ne servì mai.

L'Autore con lucidità esamina tutti i diversi motivi che compromisero il cammino della ricerca scientifica, ne sabotarono lo sviluppo e l'utilizzo pratico senza tralasciare nessun aspetto: l'ignoranza, l'arroganza, gli oscuri interessi, gli scenari politici e industriali.

L'opera di Piero Baroni costringe il lettore a valutare in una nuova luce il ruolo che l'Italia avrebbe potuto svolgere durante il conflitto mondiale e si comprende come le sorti della guerra siano spesso determinate da molteplici aspetti a volte nascenti da sensazioni irrazionali come il complesso di inferiorità che colpì le alte sfere militari italiane nel valutare le conoscenze tecnologiche raggiunte dagli altri Stati belligeranti.

Grande merito va riconosciuto all'Autore per aver portato all'attenzione aspetti celati dal prevalere delle vicende dominanti e nell'aver contribuito alla ricerca della verità storica degli avvenimenti della seconda guerra mondiale, inserendo un importante tassello nel grande mosaico di una onesta e credibile ricostruzione della storia recente".

XIII. "LA VITTORIA TRADITA"
Edizioni Settimo Sigillo, Roma, 2008

Recensione di A.L.Valvo

"L'Autore del Volume qui recensito offre, con questa sua nuova opera una ulteriore conferma della sua approfondita e documentata conoscenza degli aspetti più problematici relativi alla partecipazione dell'Italia al secondo conflitto mondiale.

Così è stato anche per il suo Volume relativo alla sconvolgente - e anche in questo caso documentata - rivelazione consistente nel fatto che l'Italia, pur avendo scoperto o inventato, come si preferisce, lo strumento del radar, non se ne avvalse durante lo svolgimento del conflitto per quanto ebbe a riguardare la guerra marittima. Strumento che sarebbe stato decisivo, come poi si verificò, per l'esito della battaglia sui mari. Purtroppo fu decisivo per i nemici dell'Italia. Anche il Volume relativo al mancato utilizzo dei radar è stato recensito su questa Rivista.

Ora l'Autore, Piero Baroni, offre agli studiosi questo suo ulteriore Volume relativo a quella battaglia, che fu un'epopea delle Armi italiane, e anche per questo aspetto e momento della seconda guerra mondiale - momento che fu decisivo per l'esito conclusivo del grande conflitto - il filo conduttore rimane lo stesso: il tradimento dei Comandi militari italiani che in larga misura favorirono il nemico, determinando anche le sorti della grande battaglia della Marmarica.

Certamente, non tutti i componenti dei Comandi militari italiani furono traditori, ma tanti furono coloro che condussero ad effetto l'ignobile tradimento.

Gli autori di tale vile tradimento ne dovranno rispondere al Tribunale della storia e ne dovranno rispondere non soltanto a quella parte ancora sana della coscienza nazionale italiana, ma anche e soprattutto dinanzi al Tribunale di Dio: dovendo essi rispondere non solo di quei più di cinquemila che riposano ancora nel loro deserto, nel Sacrario di El Alamein, ma anche di quei più di trentottomila che il deserto e il mare custodiscono e non restituiranno mai più.

A tutti questi Caduti, a tutti questi Eroi della leggenda, non mancò certo il coraggio. Mancò la fortuna. Ma soprattutto ad Essi mancò la fedeltà al giuramento reso alla Patria dagli autori del vile tradimento.

La trilogia di Antonino Trizzino ("Navi e Poltrone", "Settembre nero", "Gli amici dei nemici"), aveva già denunciato e documentato il tradimento dei tanti che contribuirono volutamente alla disfatta della Patria.

La verità disvelata del Comandante Antonino Trizzino trovò conferma e consacrazione in quella famosa sentenza della Corte di Appello di Milano che lo mandò assolto all'esito di un giudizio davvero temerario intentato contro di lui per diffamazione da taluni di quei traditori da lui denunciati.

Questo volume di Piero Baroni si colloca in quel solco rielaborando, nello specifico, attraverso inoppugnabili riscontri documentali, quella esaltante epopea della battaglia della Marmarica del novembre-dicembre 1941 dove, indiscutibilmente, la vittoria andò ai Soldati e alle Armi italiane poiché vince chi più dimostra coraggio e chi più dimostra valore, nonostante l'inferiorità enorme di uomini e mezzi rispetto al nemico.

Il Volume di Piero Baroni sulla vittoria tradita già nel suo titolo indica il senso e il risultato della sua preziosa e faticosa ricerca storica: la vittoria poteva e doveva essere nostra, ma fu tradita. Tale volume può dirsi conclusivo ormai dell'accertamento storico di quella esaltante battaglia. Nulla di più e nulla di diverso potrà dirsi in argomento.

All'Autore del Volume ora recensito non va soltanto il riconoscimento degli studiosi, ma va soprattutto il ringraziamento degli italiani onesti e non immemori.

Della grande battaglia della Marmarica il valore del Soldato italiano non solo emerse dai continui atti di eroismo e di genialità, ma dalla stessa ammirazione dei Comandi tedeschi. Si dice che il Feldmaresciallo Rommel ebbe a commentare: "Il Soldato tedesco ha stupito il mondo, ma il Bersagliere italiano ha stupito il Soldato tedesco".

Osserva Piero Baroni nel suo Volume: "Se gli italiani fossero stati ben guidati... ma la verità denunciata dallo stesso Baroni fu che gli italiani non solo furono mal guidati, ma furono traditi dai loro stessi Generali che avrebbero dovuto condurli ad una sicura vittoria mentre li condussero consapevolmente e volutamente alla morte".

XIV. "IL PRINCIPE CON LE ALI - FULCO RUFFO DI CALABRIA"
- Macchione Editore, Varese 2009

1. "Rivista Marittima"- Febbraio 2012 – di Renato Ferraro

"Giornalista di grande prestigio, inviato speciale e di guerra per la RAT anche nei vari teatri in cui hanno operato nostri reparti in missioni di pace anche rischiose, Piero Baroni è ben conosciuto negli ambienti delle Forze Amiate per aver condiviso con i nostri militari pericoli e avventure. Molti lo ricordano in Golfo Persico, in Somalia, in Albania, in Kosovo, ma anche per l'attenzione per altre emergenze come quella delle migrazioni «selvagge», nelle cui telecronache ha sempre mostrato rigore e obiettività rifuggendo da quegli ideologismi che troppo spesso colorano i «servizi» di suoi colleghi.

Queste sue qualità, infrequenti anche nei giornalisti quando in veste di storici, traspaiono chiaramente pure nelle sue varie opere di analisi critica e storia militare, tra le quali mi piace ricordare, in particolare, *La guerra psicologica, Obiettivo Mediterraneo* e *La Vittoria tradita*.

Eccolo, ora, a una nuova prova oltremodo convincente. Questa volta la sua indagine si è orientata su di un autentico Eroe della Prima Guerra Mondiale, quel Fulco Ruffo di Calabria che avrebbe portato nelle sue imprese belliche la «gran bontà dei cavalieri antiqui».

Nato da un'antica e nobilissima famiglia calabrese-napoletana, educato come convittore nell'allora prestigioso Collegio Mondragone, al conseguimento della maturità classica compie un anno di servizio militare come ufficiale nell'XI Reggimento Cavalleggeri di Foggia. Congedato verso la fine del 1905, il suo vivace spirito d'avventura, che pur si nasconde nell'atteggiamento sempre gentile e modesto che è proprio del gran signore, lo induce a ripudiare la vita di agi e lussi che molti giovani del suo rango all'epoca prediligevano, e se ne va in Africa Equatoriale, dove assume l'incarico di agente, e poi di vicedirettore della compagnia italo-belga Wegimont, che gestiva navigazione e commerci lungo il corso del Giuba. Ma all'attività professionale affianca un'intensa vita avventurosa, fatta di esplorazioni anche in zone allora mai ancora penetrate da Europei, cacce grosse, rischi talvolta notevoli: un suo compagno d'avventure, tale De Marneff, sarà divorato dai coccodrilli!

I drammatici eventi che preludono allo scoppio della Prima Guerra Mondiale lo sorprendono in Italia, dov'era rientrato per raccogliere finanziamenti onde avviare un'impresa sua propria. Pur restando da principio neutrale, l'Italia si prepara a un probabile coinvolgimento nella fornace del conflitto, e deve rimpolpare i quadri delle Forze Armate. Nel settembre del 1914 il principe è richiamato in servizio in Cavalleria, ma viene, a sua richiesta, destinato al Battaglione Squadriglie Aviatori. Il suo spirito d'avventura, di cui ha dato tante prove in Africa, lo portano ad affrontare la sfida nuovissima del volo: una sfida nella quale si rivela subito vincente, dimostrando di possedere un talento innato per questa allora quasi inedita attività bellica.

Attività che era, allora, agl'inizi appunto, e che non era stata ancora compresa nelle sue enormi potenzialità: si riteneva che il mezzo aereo dovesse essere impiegato principalmente per l'osservazione del campo di battaglia ai fini della correzione del tiro delle artiglierie, e — forse — al massimo per scagliare bombe a mano contro le truppe terrestri avversarie (se n'era fatta esperienza in Libia, nella Guerra Italo-Turca). Furono, dunque, gli stessi aviatori a concepire l'idea della caccia, cioè del duello, che avrebbe caratterizzato la guerra aerea di lì a poco.

Ruffo di Calabria consegue il brevetto di pilota nell'agosto 1915, dopo un corso contrassegnato anche da esperienze acrobatiche che qualche segno lasciarono sulle rudimentali macchine volanti del tempo. Il 1° ottobre viene assegnato alla IV Squadriglia di Artiglieria *(sic!)* in zona di operazioni.

Nel febbraio 1916 guadagna la prima medaglia di bronzo, non ancora in duello ma per l'efficace correzione del tiro delle nostre artiglierie sul Basso Isonzo. Seconda medaglia di bronzo nell'aprile, quando è ormai entrato a far parte della II Squadriglia.

Ma la sua aspirazione, davvero da «cavaliere antiquo», è quella di entrare a far parte della caccia, inesistente allo scoppio del conflitto, ma che si va affermando come missione specifica per il mezzo aereo. Dopo il passaggio di macchina su di un *Nieuport-Bebé* (o, come chiamato dai sui piloti, *Nieuportinó)* conseguito alla scuola di volo di Cascina Costa, Fulco si sente finalmente realizzato pienamente. Inizia la serie dei duelli aerei. Presto il suo carniere si arricchisce di altre due medaglie di bronzo, poi arriva la prima d'argento nel settembre 1916, e la seconda nel maggio 1917. Sprone continuo alle imprese è anche la collegenza con quel manipolo di eroi di cui fa parte: per tutti un nome: Baracca!   Alla morte in combattimento di costui, avvenuta il 19 giugno 1918 sui Montello, gli succederà al comando della 91ª Squadriglia, divenuta «Squadriglia Baracca». Senza seguire ancora dettagliatamente tutte le imprese aviatorie del Nostro, basti ricordare che il suo medagliere, alla fine del conflitto, sarà costituito da una medaglia d'oro, due d'argento e quattro di bronzo, oltre a due promozioni per merito di guerra e alcune ricompense belghe e francesi.

Congedato nel 1925, riprende la sua attività di uomo d'affari e agricoltore. Nel 1934 è nominato Senatore del Regno. Si spegne in una sua casa a Ronchi d'Apuania, il 23 agosto 1946.

Se i limiti imposti a una recensione impediscono di seguire con maggiore accuratezza e più in dettaglio la vita del principe, non voglio comunque omettere due ulteriori notazioni.

La prima riguarda il rapporto di sincera amicizia che s'instaura con un nemico abbattuto, ferito e fatto prigioniero. Si tratta del conte Guillaume Siemienski, un osservatore polacco (evidentemente galiziano) ricoverato presso l'ospedaletto militare di Remanzacco. Ruffo lo va regolarmente a trovare, si assicura che sia assistito al meglio, gli suggerisce di scrivere alla madre per tranquillizzarla sulla sua sorte: sarà sua cura di lanciare il messaggio oltre le linee nemiche. Nel 1919, del tutto inaspettatamente, i due s'incontrano in un salotto parigino, rivedendosi col calore di due vecchi compagni d'arme, come se non avessero militato su fronti avverse!

L'altra sottolineatura che intendo fare ancora una volta, riguarda l'accuratezza dell'indagine fatta dal Baroni. Nel libro si rinviene una dovizia di riproduzioni di documenti originali, talvolta riprodotti in *facsimile,* che attestano il rigore della ricostruzione storica: un rigore in cui, ahimé, è sempre più raro imbattersi nello sfogliare libri che vengono gabellati per opere di Storia (con la «S» maiuscola), e spesso son solo scopiazzature".

XV. "GLI EROI DI BLIGNY"- Greco&Greco, 2012

1. "Aeronautica&Difesa"- Ottobre 2012

Piero Baroni è indubbiamente oggi una delle firme più note del giornalismo di guerra italiano, anche se in realtà la sua vasta produzione non spazia sempre e solo necessariamente tra gli episodi bellici, ma sfocia talvolta nella geopolitica (come nel suo saggio "NATO: il futuro", dedicato a trasformazioni e strategie del Patto Atlantico), va a toccare episodi importanti di cronaca recente, come l'autore ha fatto in "Quelli della Uno Bianca" (edito da Greco & Greco, come altri titoli dell'autore). Inoltre, all'attività di saggista Baroni affianca quella di autore di "spy stories" ("Operazione Anemone", "Il segreto del Pellicano Blu", "La carrozza d'oro").

In questo suo "Gli eroi di Bligny", Baroni abbandona temporaneamente alcuni temi a lui molto cari, ad esempio le vicende del secondo conflitto mondiale e le trasformazioni epocali dell'Italia tra le due guerre, per fare un ulteriore "passo indietro" ed esaminare le ultime vicende della Prima Guerra Mondiale, nella seconda metà del 1918.

Come ci spiega lo storico e giornalista autore di questo saggio, la Grande Guerra si sarebbe conclusa con la vittoria certa dell'Impero Germanico se a Bligny non vi fossero stati i soldati del II Corpo d'Armata italiano a stroncare la poderosa offensiva del generale Ludendorff, sferrata appunto a luglio del 1918.

Questo libro ci riporta la storia di 50.000 fanti e artiglieri in uniforme grigio-verde schierati sul fronte occidentale da aprile a novembre dell'ultimo anno di combattimenti della Prima Guerra Mondiale. Un conflitto ancora oggi ricordato come immane, primo vero grande cimento di un'Italia la cui unità era ancora una conquista relativamente recente. Una pagina che, come l'autore sottolinea, merita di essere rivissuta e consegnata alla memoria". (A.E.C.)

XVI. "COME E PERCHÉ SI PERDE UNA GUERRA"
Ed. Amazon, 2012

1. Storia In Rete- Aprile 2015

"È vero quello che i libri di storia non dicono: e cioè che perdemmo la battaglia di Capo Matapan contro la flotta britannica perché non disponevamo del radar, che pure era stato concepito per la prima volta proprio da un grande italiano, Guglielmo Marconi?"
AMEDEO PICCOLI Ravenna

Non c'è dubbio che la prematura scomparsa del grande Marconi, venuto a mancare nel 1937, praticamente alla vigilia della Seconda guerra mondiale, ci privò del massimo genio di tutti i tempi delle comunicazioni a distanza. Era stato lui, Marconi, ad avere illustrato per la prima volta, nel 1922, all'*Institute* of Radio Engineers di New York, la possibilità di individuare un grosso oggetto metallico (una nave) anche nottetempo o in caso di nebbia e scarsa visibilità, grazie al «radiolocator>, in italiano «radiotelemetro», che poi cambierà nome divenendo RADAR (Radio Detecting And Ranging). Pochi anni dopo, ricevuto da Benito Mussolini, gli assicurò: «Vi garantisco, Duce, che è possibile vedere anche di notte». Traggo queste coinvolgenti notizie dalle opere di Piero Baroni, notissimo ed apprezzato giornalista e ricercatore storico, per molti anni inviato speciale, anche sui fronti di guerra, del Giornale Radio RAI nonché autore di una famosa serie di documentari dal titolo «50 anni fa la guerra», andati in onda nel 1990. In particolare, ho sott'occhi due libri, «1935-1943: la fabbrica della sconfitta», e «Come e perché si perde una guerra», *e-book* disponibili su *amazon.it* . Tra le molte ricostruzioni inedite di eventi clou della Seconda guerra mondiale, una delle più coinvolgenti è sicuramente quella relativa al radar che avremmo potuto realizzare prima di tutte le altre potenze, e che, invece, ci facemmo soffiare. Da chi? Ma da Winston Churchill, naturalmente, il quale, appena informato di quella possibilità, scatenò i suoi tecnici e fece dotare dell'apparecchiatura tutte le unità della *Royal Navy.* Invece, in Italia, lo scienziato che lo aveva realizzato, seguendo i suggerimenti di Gugliermo Marconi, ossia l'ingegnere elettronico Ugo Tiberio, fu snobbato dai vertici della Regia Marina in quanto, nel corso degli esperimenti dell'apparecchiatura, risultò che poteva verificarsi uno scarto fino a 150 metri rispetto alla posizione effettiva dell'obiettivo. Tanto era bastato perché il dispositivo fosse giudicato inutile e pertanto accantonato. Fu così - come racconta Piero Baroni - che quel fatale 28 marzo 1941, a Capo Matapan, in piena notte, la nostra flotta fu individuata dai radar inglesi, e la flotta di Churchill (il quale ai 150 metri non aveva dato la minima importanza) mandò a fondo tre incrociatori, due cacciatorpediniere più vario naviglio minore, con un tragico bilancio di 2.308 morti. I libri di Baroni non si limitano, ovviamente, a ricostruire e raccontare i segreti inconfessabili della Marina, ma spaziano sull'Aviazione, le truppe corazzate, e soprattutto la miopia tattica e le inettitudini di comando sulle quali, nel lungo dopoguerra, *è* stato calato quello che il nostro collega definisce «il buio informativo».

*** ***

ELENCO LIBRI PUBBLICATI

1.	"La guerra psicologica" , Ed. Ciarrapico, 1986
2.	"La carrozza d'oro" , Ed. Bariletti, 1989
3.	"Obiettivo Mediterraneo , Ed. Reverdito, 1989
4.	"Generali nella polvere", Ed. Reverdito, 1989
5.	"NATO : il futuro" , Ed. Ciarrapico, 1990
6.	"NATO : the Future" , Ed. Ciarrapico, 1990
7.	"Andreotti e l'estero" , Ed. Steti. 1991
8.	"Nuovo modello di difesa – Fine di un esercito?", Ed. Ciarrapico, 1991
9.	"Operazione Anemone" , Ed. Mondadori, 1995
10.	"La fabbrica della sconfitta", Ed. Settimo Sigillo, 1997
11.	"Una patria venduta", Ed. Settimo Sigillo, 1999
12.	"Il segreto del pellicano blu", Ed. Settimo Sigillo, 2000
13.	"Generali nella polvere", Ed. Settimo Sigillo, 2001
14.	"Clandestino in RAI" , Ed. Settimo Sigillo, 2003
15.	"Enduring Freedom", Rivista Marittima, 2003
16.	"8 settembre 1943: il tradimento!" , Ed. Greco&Greco, 2005
17.	"Bombardieri Caproni", Ed. Settimo Sigillo, 2006
18.	"La guerra dei radar" , Ed. Greco&Greco, 2007
19.	"La vittoria tradita", Ed. Settimo Sigillo, 2008
20.	"Il principe con le ali – Fulco Ruffo di Calabria", Ed. Macchione, 2009
21.	"Assassinio nelle fortezze dell'imperatore" , Ed. Greco&Greco, 2009
22.	"Morte in una villa stile Liberty", Ed. Greco&Greco, 2009

23. "Meraviglie sotto il suolo d'Italia", Ed. Macchione, 2010

24. " I condottieri della disfatta" , Ed. Settimo Sigillo, 2010

25. "<Quelli> della Uno Bianca" , Ed. Greco&Greco, 2011

26. "Gli eroi di Bligny", Ed. Greco&Greco, 2012

27. "Inviata in prima linea contro i clandestini", Ed. Amazon, 2012

28. "Come e perché si perde una guerra", Ed. Amazon, 2012

29. "Laura C.", Ed. Amazon, 2012

30. "Un bisbiglio discreto, tra vero e surreale", Ed. Amazon, 2012

31. "I due Mussolini – Condottiero e uomo di Governo", Ed Amazon, 2012

32. "1935-1943, la fabbrica della sconfitta", Ed. Amazon, 2012

33. "Il massacro di Matapan", Ed. Amazon, 2013

34. "Spigolature di guerra", Ed. Amazon, 2013

35. "Shalom Fanny", Ed. Amazon, 2013

36. "Vita da giornalista", Ed. Amazon, 2014

37. "Le isole del silenzio, Vol. I", Ed. Amazon, 2013

38. "Le isole del silenzio, Vol. II", Ed. Amazon, 2014

39. " Laggiù c'è il mare", Ed. Amazon, 2014

40. " Quando muore una farfalla", Ed. Amazon, 2014

41. " Fanny, detective senza stellette", Ed. Amazon, 2014

42. " Confessioni di un agente segreto", Ed. Amazon, 2014

43. "Ego te absolvo", Ed. Amazon, 2015

44. " Il giorno in cui l'Italia perdette la guerra", Ed. Amazon, 2015

45. "Una vita nella vita", Ed. Amazon, 2016

www.ingramcontent.com/pod-product-compliance
Lightning Source LLC
Chambersburg PA
CBHW062101280526
45788CB00003B/1312